O Poder da Atitude Pacífica

Claus Eurich

O Poder da Atitude Pacífica

"Mais importante do que saber o que é precisamente o mal, é aprender a lidar com ele e descobrir o que cultivar no seu lugar."

Tradução
LUIZ A. DE ARAÚJO

EDITORA CULTRIX
São Paulo

Título do original: *Die Kraft der Friedfertigkeit.*

Copyright © 2000 Kösel-Verlag GmbH & Co., Munique.

Todos os direitos reservados. Nenhuma parte deste livro pode ser reproduzida ou usada de qualquer forma ou por qualquer meio, eletrônico ou mecânico, inclusive fotocópias, gravações ou sistema de armazenamento em banco de dados, sem permissão por escrito, exceto nos casos de trechos curtos citados em resenhas críticas ou artigos de revistas.

O primeiro número à esquerda indica a edição, ou reedição, desta obra. A primeira dezena à direita indica o ano em que esta edição, ou reedição, foi publicada.

Edição	Ano
1-2-3-4-5-6-7-8-9-10-11	03-04-05-06-07-08-09-10-11

Direitos de tradução para a língua portuguesa
adquiridos com exclusividade pela
EDITORA PENSAMENTO-CULTRIX LTDA.
Rua Dr. Mário Vicente, 368 — 04270-000 — São Paulo, SP
Fone: 272-1399 — Fax: 272-4770
E-mail: pensamento@cultrix.com.br
http://www.pensamento-cultrix.com.br
que se reserva a propriedade literária desta tradução.

Impresso em nossas oficinas gráficas.

Sumário

O Elixir da Nova Era — Uma Introdução 9

I. Sobre a Essência da Violência 19

1. A simples violência humana 19
    A violência física pessoal / A violência psíquica pessoal / A violência bélica armada / A violência bélica desarmada / A violência estrutural e sistêmica / A violência ideológica/espiritual / A violência contra o meio ambiente e as criaturas que acompanham o homem / A violência contra si mesmo / A violência da técnica
2. Violência gera violência 23
3. Violência por quê? 25
    Instinto e agressão 25
    A vontade de sobreviver 27
    A busca da proximidade 28
    A volúpia da violência 29
    Imaturidade por culpa própria 32
4. O mal 33
    O ódio 35
    A violência desgovernada 36
    A prova da liberdade 37

II.	Violência contra a Violência?	39
1.	O que significa contraviolência? — Diferenças	40
2.	Sobre o direito de legítima defesa e o dever de resistir	42
	A justa indignação	43
	Contra a covardia	45
	A legítima defesa exclui a represália	46
3.	Água mole em pedra dura	47

III.	A Renúncia à Violência: Tradições, Caminhos, Estratégias	51
1.	Os critérios fundamentais da atitude pacífica	56
2.	Modelos	58
3.	Porém, a verdadeira paz é mais do que isso	61

IV.	A Unidade: Viver no Espírito de Não-violência e de Salvação	63
1.	Sobre a essência da não-violência	63
2.	A diversidade da vida	66
	Os animais: nossos irmãos misteriosos	66
	Os animais na atualidade: maltratados, explorados, consumidos / Os animais nas religiões / A ética e os direitos dos animais	
	A vida vegetal	79
	Unidade na alteridade	82
3.	A força criadora da compaixão e a impotência	85
4.	Servir ao milagre da vida: o caminho da não-violência	88
	A parceria com os animais e os vegetais	89
	A não-violência começa no espírito ou: a realidade e a força dos nossos pensamentos	92
	Reconciliação com o lado obscuro da alma	95
	Paz com a morte	97

    A comunicação como participação mútua 99
    *A veracidade / Ouvir / Franqueza e ausência de domínio / Dar o
    primeiro passo / Diálogo em vez de debate / Tolerar acusações /
    Como tornar-se um com o outro*
    A importância do exemplo: a educação no espírito de
    não-violência 106
    O poder da contemplação 108
    A transparência separa — e perdoar não é esquecer 110
    Somos capazes de mudar 112
5. **As contradições permanecem — A firmeza da
    não-violência** 113
6. **O mundo ainda é um vir-a-ser — Não temos tempo
    para a resignação** 116

V. **O Caminho da Unidade é o Caminho para Deus** 119

1. **A unidade do divino** 119
2. **Cristo: ponte para a unidade** 123
3. **Nós passamos a existir no vir-a-ser do cosmo** 127
4. **"Religião" cósmica ou união é mais que
    diálogo e coexistência pacífica** 129

VI. **A Serviço da Unidade — A Ciência
    Espiritual como Escola da Sabedoria
    Universal** 135

1. **Adeus às ilusões — As possibilidades da ciência ainda são
    ignoradas** 135
2. **A ciência profunda se detém diante da mística** 142
3. **Participação na harmonia cósmica** 144
    A força do conhecimento e a do amor se ligam 145
    Ter intimidade com o mistério 148
4. **A chama da renovação** 154
5. **A realização** 157

VII. Além de Todas as Fronteiras — O Mensageiro da Unidade Universal 159

1. **Os precursores de um novo tempo** 159
2. **A essência, não uma mescla — A unidade dos que buscam a Deus começa antes das religiões** 161
   O que abandonar: as imagens, as tradições, os rituais 163
   A contemplação como principal caminho da renúncia 165
3. **Agora mesmo** 167
   O etos do estar unido 168

A Passagem pela Ponte — Um Posfácio 171

Agradecimentos 173

Referências Bibliográficas 174

Notas 186

O Elixir da Nova Era — Uma Introdução

Chegamos ao início do terceiro milênio e olhamos para trás. O milênio passado está amplamente em aberto para nós. Sua crônica é múltipla. Aponta para capítulos sombrios que, com palavras, não conseguem abranger todo o espanto e o horror. Entre um e outro há segmentos de indiferença e imobilidade. Eles dão conta da estagnação do desenvolvimento humano. Sua leitura seria insuportável, romperia os vigorosos textos do poder e da violência em fragmentos nem sempre tão magnificamente coloridos. Em tons celestiais e com muita luz, falariam do amor, do desejo de paz, do conhecimento e da proximidade de Deus. Culturas, povos, grupos humanos e indivíduos isolados vêm compondo esse segmento. Aqui se exprime aquilo que, afinal, sempre é possível quando prevalecem o respeito pelo ser, o espírito de não-violência e a prática da unidade da vida. A partir desses segmentos, abre-se um caminho até o presente. Delicado e vulnerável, ele é nitidamente visível junto às avenidas em que se reúnem, desfilam e marcham as forças da destruição, da demarcação, da indiferença e da funesta mediocridade.

Na existência do gênero humano, passada e futura, o segundo milênio depois de Cristo equivale à fase da puberdade. A humanidade ainda é jovem e turbulenta. Suas aptidões — em todos os sentidos — tornam-se visíveis, suas forças se liberam para fora e para dentro, inclusive a suicida. A identidade própria começa a plasmar-se à revelia das imposições dos pais, dos divinos impulsos da criação e da vida; a sábia mestra Gaia só encontra o desdém. As tendências e os potenciais interiores lutam entre si, o que não ocorre sem medo, desamparo e sentimento de insegurança. É a luta pela formação do caráter. E o homem começa a se dar conta de que precisa passar por essa fase. A puberdade está diante da maturidade; o claudicar, diante da dignidade; os problemas existenciais de cada um, diante da percepção do todo. E tudo se manifesta como processo, tudo é possível mediante o desenvolvimento, por mais que ele se prolongue.

Quem quer ser adulto não escapa a experiências tanto amargas quanto maravilhosas. Algumas catástrofes pelas quais o ser humano é o único responsável são inevitáveis, mas, em sua segunda conseqüência, não deixam de ser sadias e renovadoras. Como reação do ser vivo Terra à destruição de seu hipersensível estado de equilíbrio, elas representam incisões profundas capazes de eliminar a inércia e o emaranhamento hostis à vida.

Não obstante, um alerta é necessário neste ponto. O desenvolvimento nunca retrocede. Avança sempre. E, nessa medida, é temerário considerar inofensivo tudo quanto busca salvar a humanidade por meio do retorno a um estado natural baseado na idealização das culturas anteriores à civilização. Não há saída nem futuro sem o desenvolvimento cultural, econômico, político, técnico e, sobretudo, espiritual. Não vale a pena lamentar a inocência perdida: tanto quanto o fruto da Árvore do Conhecimento, essa perda faz parte do desenvolvimento. Não se reconhece o mal senão à medida que ele se diferencia do bem. O *Homo sapiens* só alcança a liberdade para viver tomando consciência de *todo* o seu potencial; principalmente das forças que assentam na integração e na fusão de seus pólos.

Assim, até agora, a história da humanidade se propôs a determinar em termos absolutos a própria espécie e, dentro dela, a própria cultura e, dentro dela, o próprio grupo e, dentro dele, o próprio clã e, dentro dele, cada indivíduo. Em todos esses níveis, foi egocêntrica a conseqüência ligada a um amor cego ou, pelo menos, limitado, coisa que possibilitou que os homens quisessem amar verdadeiramente os filhos e, ao mesmo tempo, lhes destruíssem, desconsiderada e inconseqüentemente, as futuras bases da vida. A história vindoura, seja qual for o ritmo em que se realize, há de estar impregnada do reconhecimento do vínculo de todas as vidas, assim como da ética e da responsabilidade correspondentes, que estarão relacionadas com o conjunto do espaço vital Terra e com todas as formas de vida. O amor universal vê o impulso divino da Criação e do vir-a-ser através de toda a existência. A vida se apresenta não simplesmente mediante a eventual fusão do átomo ou a mutação das células soltas no espaço, mas como uma determinação superior, na qual o ser espiritual homem tem um significado eminente. Por ora continua oculto o derradeiro horizonte dessa determinação; no entanto, já podemos vislumbrar a sua realização. O caminho da solidariedade universal é o da última liberdade, da extrema responsabilidade para mim e para o conjunto. Mas toda liberdade, na sua origem, provém do espaço do divino, e para lá retorna quando se abre para o divino. Só apoiados na transcendência é que somos verdadeiramente livres aqui e agora; livres para o amor e a reconciliação, livres para o desenvolvimento, livres para dar forma a esta Terra no espírito de não-violência.

É certo que, para tanto, existiu no passado e existe no presente aquilo que chamamos de religião. Ora, também a ela é preciso transcender. Vistas em conjunto, as religiões explicam o grau de desenvolvimento passado da humanidade. E, por essa razão, criaram sua identidade por intermédio de uma compreensão de si mesmas determinada em termos absolutos e, a seguir, mediante a delimitação de outros valores absolutos. A manifestação e a revelação do divino, fundamentadas num entendimento limitado e condicionado pelo tempo, foram realçadas e fixadas em escrituras atemporais. As respectivas noções do divino aceitaram outras separações como integração sob o signo do Uno. Os dogmas, as tradições e os cultos se encarregaram do resto. A era humana que nos aguarda terá de superar também esse estágio. E poderá fazê-lo se se atrever a enxergar e a aceitar, por trás de todas as diferenças da maioria dos sistemas religiosos, a suprema identidade à qual pertence o próprio homem.

Tudo está no indivíduo. Os processos diante de nós iniciam-se na *própria* alma, e não na exigência e na pretensão de modificar os *outros*. Sem a salvação da nossa alma e sem a reconciliação do nosso eu com a fonte e com a corrente da vida, não haverá nenhuma salvação para a Terra. A chave está em mim, está em você. Isso remete ao significado de cada um; ao mesmo tempo, contudo, remete aos limites do viável. Podemos ter aspirações, podemos conhecer cada vez mais, podemos trabalhar conosco e em nós, podemos crescer — mas não somos super-homens. Fica um resto de embaraço e um resto de desunião, os quais sempre se vinculam ao legado à geração seguinte, à delegação do trabalho não realizado. De modo que, por mais que aspiremos ao espírito de não-violência e por mais que preconizemos a paz, não conseguimos nos desvencilhar totalmente da violência. Não existe uma pureza da prática da vida que corresponda às palavras expressas. Lutar e fracassar também fazem parte do preço da liberdade. Mas o fracasso a que nos referimos não se confunde com o desespero daquele que se depara com os limites de sua vontade de fazer e neles também vê os limites de sua realização. O fracasso do que busca e avança, do que procura a salvação, nunca é definitivo. Pois isso acontece na referência divina e, portanto, também na divina misericórdia. Faz parte do caminho, e nós temos de percorrê-lo.

Apesar desse conhecimento de nossa limitação, o maior problema para o futuro da Terra e suas formas de vida provém da falta de disposição de realizar o que hoje já está ao nosso alcance, e talvez um pouco mais. Que falta nos fizeram, nas décadas passadas, os visionários e sonhadores que vivem seriamente o começo de seus sonhos, pois percebem que desprezá-los também significa destruir-lhes as chances de realização! Se a idéia se converter num ideal e este numa máxima do agir, muita coisa nos será possível. Certas barreiras se dissolverão por si mesmas em face dessa determinação, mas, sobretudo, nós reduziremos a fatalidade de que aquilo que não vivemos hoje logo venha a se transformar num fardo insuportável para as gerações futuras.

Os doutores das grandes religiões ensinam que a fé move montanhas. O espírito da nossa época afirma o pensamento positivo. Tanto aqueles quanto este se apóiam no conhecimento de que o pensamento e o mundo interior são *realidade* e, portanto, *criam novas realidades*. Ademais, ambos influenciam fundamentalmente a ação, ambos criam um terreno de ressonância imaterial, um campo disponível para a união no futuro. E, enfim, ambos partem do princípio de que a história nunca é linear nem uniforme, mas que muitas vezes transcorre em saltos qualitativos. Em outras palavras: todos os grandes sistemas são imprevisíveis no que se refere às suas linhas de desenvolvimento, sobretudo a Terra, na sua muito complexa e hipersensível composição. Um pensamento no tempo certo, realizado na pessoa certa, pode gerar uma reação em cadeia de mudança, pode suscitar um salto qualitativo rumo a um novo estado de coesão do espírito e da cultura. O que a chamada teoria da catástrofe descreve nos sistemas naturais tem vigência ainda maior no âmbito cultural da humanidade.

Sem dúvida, perseguir os grandes sonhos da paz, da reconciliação, da simples unidade com a vida e da proximidade imediata de Deus também significa tolerar o disparate e até bancar o bufão no palco da "normalidade". Mas há de valer a pena se, no fim do terceiro milênio, for possível dizer:

"Lá se foi o tempo em que se aceitavam as guerras para atingir objetivos políticos ou econômicos.

Lá se foi o tempo em que se encaravam os assassinos como 'heróis' e o assassinato como a 'arte da guerra'.

Lá se foi o tempo em que o homem desprezava a vida alheia para obter vantagens a curto prazo.

Lá se foi o tempo em que os homens saqueavam a mãe Terra em prejuízo das gerações seguintes.

Lá se foi o tempo em que as imagens de Deus formadas pelos homens opunham-se umas às outras e impediam a busca do divino inclusive no próprio homem.

Nós finalmente começamos a tratar as feridas do passado e a curá-las, a desenvolver uma consciência mais ampla da correspondência e da referência recíproca na rede da vida, a dar passos rumo à harmonia entre todas as formas de vida, a preparar e a cuidar da Terra como o campo de ação do divino."

No livro de Michael Ende intitulado *Die unendliche Geschichte* [A história sem fim], o Reino do Nada se dilata indefinidamente, devorando toda vida, todo sonho, toda fantasia. Só uma palavra, um nome pronunciado na hora certa, vulnerável e sem garantia de sucesso, é capaz de deter a destruição. Bastian, o menino que lê a história no sótão à luz de uma vela, descobre no último segundo que tem a missão de dizer essa palavra. As forças do Nada já tragaram quase tudo quando ele percebe que não é um observador distante, um receptor passivo, mas que faz parte da história. Ele, um homenzinho insignificante, tem acesso à atitude de salvação e cura. E profere a palavra. A seguir, surge de cada belo pensamento, de cada fantasia e de cada visão uma nova realidade perante a qual o Reino do Nada é obrigado a recuar passo a passo.

Tampouco nós somos espectadores da história ou leitores do livro da vida. Todos temos acesso à atitude capaz de fazer recuarem os poderes da violência, da ambição, do dinheiro, da concorrência e dos falsos deuses. Essa atitude consiste no amor universal, no cuidado, na dignidade, no respeito, na não-violência e no conhecimento. A história deste livro trata dessa atitude e de um caminho possível para descobri-la e assumi-la.

Quem quiser se aproximar da unidade no espírito de não-violência sempre há de enfrentar a violência. O primeiro capítulo fala da essência da violência. Distinguem-se novos níveis da violência humana, se bem que a distinção não seja mais que um apanhado grosseiro. Na nossa realidade cotidiana, diversas formas despercebidas de violência se sobrepõem e se entrelaçam. Igualmente diversas e emaranhadas são as causas da violência. Procuramos abordá-las com cautela e, nisso, topamos com um "resto" obscuro, nem sempre fácil de iluminar e esclarecer: o mal. Ele aparece como uma realidade fatal no homem, por intermédio do homem e a ele dirigida, muitas vezes em amontoados incompreensíveis, como ensinou o século XX. Porém, nós começamos a perceber que, mais importante que saber o que é precisamente o mal é aprender a lidar com ele e descobrir o que cultivar no seu lugar.

Pode-se contrapor a violência à violência? Existe uma contraviolência positiva? O Capítulo 2 aborda esse problema nem sempre tratável sem controvérsia na vida. Nós contemplamos diferentes tipos de contraviolência, desde a justa indignação e a autodefesa até o tiranicídio. Visto que devemos superar o ser humano que só consegue avançar mediante a violência e o poder de matar, o curso concreto e geralmente inexorável da história vê-se reiteradamente confrontado com a necessidade de uma ação clara. Sob o pretexto de separar a bondade da injustiça, a covardia persevera. Não foi outra coisa que Jesus e Gandhi sublinharam pela prática de sua vida. E é esta a lição definitiva que deixaram: não é a violência, e sim o amor e a paz que podem tudo. A violência, inclusive como resistência, embora situada na metade inferior da escala das possibilidades de desenvolvimento do homem, domina o terreno que ainda pisamos.

As tradições, os caminhos e as estratégias da renúncia à violência constituem o Capítulo 3. Na quase totalidade das culturas superiores encontram-se, em todos os tempos, vestígios da não-violência consciente, assim como sistemas e éticas fundados no direito. Aliás, foi no século XX que a não-violência passou a ser uma estratégia cada vez mais significativa em todo o mundo. É aqui que o século das grandes guerras mostra a sua outra face: a de uma consciência que desperta e a da ação correspondente. Mahatma Gandhi, Martin Luther King e Nelson Mandela são exemplos disso, sendo o processo de paz na África do Sul e na Irlanda do Norte sinais regionais de esperança.

Mas a paz no sentido abrangente vai mais além. Seu alicerce é o respeito por toda forma de vida. Aqui se incluem os animais, as plantas e os elementos. Essa postura encontra apoio na palavra sanscrítica "*Ahimsa*" ou "Espírito de Não-violência". Essa sensibilidade e essa atitude já não conhecem nem traçam fronteiras. Toda forma de vida passa a ser a vida comum, a criatura semelhante, passa a integrar a unidade universal. No espírito de não-violência, torna-se universal o etos antropocêntrico da responsabilidade, do cuidado, do respeito, da justiça e da atenção. E por mais que seja verdade que a vida vive da vida, esse espírito a tudo altera. O respeito pela vida aqui proclamado, que caracterizou a obra de Albert Schweitzer, expulsa pouco a pouco o pensamento utilitário da relação do homem com seus semelhantes e com o meio ambiente. Não é a utilidade que um ser vivo tem para nós, e sim a sua unicidade e o seu propósito para si mesmo que impregnam a visão com que o encaramos.

O Capítulo 4 ocupa-se do espírito de não-violência. Examina a experiência da ligação profunda entre todas as formas de vida. Nós olhamos para a diversidade e para o milagre da vida, determinamos o papel do homem nesse processo e descrevemos detalhadamente os graus de não-violência como serviço ao vivente. O homem pode deter a autodestruição da vida, mas, para tanto, precisa transcender sua personalidade centrada no eu. A pessoa então desperta se reconhece, com sua singularidade, no *tu* do seu semelhante — inclusive na parceria com as plantas, os animais e a vida vegetal. O que nos aguarda na prática de não-agressão da vida é a reconciliação com os semelhantes humanos, o pensamento isento de violência e dominação e a harmonização com os aspectos obscuros da nossa própria alma. Isso exige de nós um perpétuo crescimento, à parte as possibilidades com as quais nos temos arranjado. O espírito de não-violência não retrata um estado, mas uma luta; não uma forma dada, mas um processo. Nós somos um vir-a-ser.

O caminho da experiência da unidade é, enfim, o caminho da origem e, por conseguinte, de Deus. Este, sendo a essência de tudo, é também o nosso eu mais profundo. E o espírito de não-violência se dá a conhecer como espírito divino. Com ele e por meio dele coloca-se sempre, e simultaneamente, a questão da essência do divino e do eu criador. Ora, nenhuma resposta é válida: são inúteis as definições e, do mesmo modo, os sistemas religiosos. Como essência ao mesmo tempo imanente e transcendente, o divino se revela e se oculta à busca do ser humano, ele não é apreensível em nossas categorias e possibilidades de percepção e conhecimento. Em face da amplidão e da profundidade absolutas do cosmo, que não conhece fronteiras, são ridículas as linhas de demarcação políticas, culturais e, sobretudo, religiosas traçadas pelo homem, por mais explicáveis que sejam em termos de desenvolvimento histórico. E, no espaço espiritual, já começaram a se dissolver. Cresce a consciência da unidade, inclusive do divino, com os processos vitais e, com ela, a noção de que o conhecimento de Deus, do universo e de nós mesmos estão interligados e entrelaçados. O Capítulo 5 analisa essa consciência. Rompe com a imagem antropocêntrica e historicamente orientada do mundo e de Deus, como também com os dogmas e as restrições religiosas. As antigas revelações, em pessoas e palavras, hão de ser encaradas como pontes pelas quais passamos: para vir-a-ser no vir-a-ser do cosmo. "Tornai-vos transeuntes", conclama Jesus a juventude no Evangelho de Tomé (versículo 42). O caminho passa ao largo das antigas e rígidas projeções de Deus e pelas formas de religiosidade exterior, rumando para uma religião cósmica. Sua missão consiste em conduzir a uma nova síntese na divindade única e unificadora. É o caminho da verdadeira mística que a tudo transcende.

A ciência ocidental tem grande responsabilidade pela alienação da consciência da unidade e pela nossa fixação no espaço divino — apesar dos méritos extraordinários que se lhe devem creditar. No Capítulo 6, investigaremos as causas disso, antes de indagar sobre a possível participação da ciência e do conhecimento no desenvolvimento posterior da raça humana. Parece possível, mesmo no âmbito dos sistemas científicos atuais, iniciar algumas trocas setoriais de paradigmas, como mostra o recente desenvolvimento da física teórica. Mas isso não basta. Faz-se necessária uma nova ciência espiritual. Seu horizonte está nas dimensões da sabedoria. Em face do puro impulso de conhecer, ela estabelece o respeito, o amor e a não-violência. Cura seu "objeto". Essa ciência se transformará em busca de Deus: franca, livre de dogmas, integrativa com relação a todas as aptidões humanas, inclusive a integridade de nosso intelecto. Diversos afluentes da percepção e do conhecimento unem-se num caudal que corre para o oceano das leis eternas. O caminho da ciência espiritual leva a uma nova combinação de mística e pesquisa, de necessidade de Deus, busca de Deus e esforço de conhecimento. Albert Einstein: "A experiência religiosa cósmica é a origem mais forte e nobre da investigação científica."

A unidade no espírito de não-violência, a marcha rumo a uma escola do conhecimento espiritual e a uma religião cósmica impõem exigências. Toda nova era precisa de precursores que lhe liberem e reúnam as possibilidades na comunidade da mudança e do vir-a-ser. O Capítulo 7 trata de sua construção. O projeto do futuro provém da certeza de que o próprio divino age profundamente em nós e manifesta a sua vontade mediante a *práxis* no mundo. Esta última se inicia com o abandono: das imagens de Deus, das tradições religiosas e dos rituais fixos. Diante do poço está o deserto, diante da aparência de união, a purificação. A cultura do abandono e do novo vir-a-ser nada tem que ver com as posturas religiosas do ter. É o que indicam também as palavras dos mestres das religiões e as mensagens dos verdadeiros místicos. Essa prática, para dizê-lo claramente, visa não a um "caminho da salvação" individual, mas a uma luta e busca coletivas. A comunidade evita a soberba, a comunidade ajuda o *tu* pela diferenciação dos espíritos e pela participação no mundo da experiência dos outros seres humanos. As pessoas que buscam a sabedoria cósmica reconhecem na contemplação o principal caminho do abandono e da busca comunitária, o espaço do silêncio perante o divino e com o divino. No silêncio, realiza-se a união transcendental do "céu" com a "Terra", sem a qual não existe paz. Nele o indivíduo supera a identidade da consciência do eu e suas limitações e reconhece universalmente: EU SOU TU.

Um apanhado do etos da unidade e um posfácio pessoal encerram este livro.

I. Sobre a Essência da Violência

Quem floresce para a paz depara inevitavelmente com as formas negativas da violência. Esta se apresenta de diversos modos. A dureza, a incisividade e a brutalidade estampam-se ordinariamente em seu semblante. Mas ela também pode se mostrar branda, sutil e sedutora. Só o seu efeito é uniforme: a destruição e a degradação.

Portanto, antes de iniciar nossa jornada rumo a um etos da unidade, não podemos deixar de discutir as diferentes formas e maneiras da violência.

1. A simples violência humana

Diversas são as atuais formas de violência. E, para complicar, os níveis isolados da prática da violência entremesclam-se de vários modos. Portanto, a subdivisão abaixo só serve para um apanhado grosseiro. Não é sustentável na realidade cotidiana da vida, pois as distintas formas de violência se emaranham e se fundem. Mas uma coisa é digna de atenção: toda prática de violência, voluntária ou involuntária, consciente ou inconsciente, retorna direta e/ou indiretamente, a curto e/ou a longo prazo, material e/ou espiritualmente àquele que a praticou. O violento torna-se vítima da violência.

A violência física pessoal
Os homens praticam a violência física contra os outros homens. As conseqüências são ferimentos, danos físicos ou psíquicos permanentes e até a morte. Nessa violência devem-se incluir o atentado "clínico" à vida não nascida e o novo movimento médico em favor da eutanásia. A violência física pode ser espontânea e desorganizada, mas também pode ter origem política (perseguições, tortura, execuções, violência policial).

A violência psíquica pessoal
Espontânea ou voluntariamente, os homens praticam contra os outros uma pressão psíquica dirigida: mediante a calúnia, a discriminação, o tumulto, a chantagem, o desamor etc. Também essa violência existe em todos os níveis das formas de organização humana, e as conseqüências podem ser graves danos psíquicos e físicos, inclusive a morte. Muitas vezes subestimada é a violência com que homens aparentemente mais fracos e vulneráveis reprimem e dominam os ativos.

A violência bélica armada
Grupos militares ou paramilitares perseguem, oprimem, ferem e matam homens e grupos humanos definidos como o "inimigo". Via de regra, essa violência vem acompanhada da destruição dos meios de vida (os prédios, a infra-estrutura, a natureza...) de povos ou grupos. A violência guerreira se abate também, indiscriminadamente, sobre homens ou grupos humanos civis ligados ao "inimigo", como as mulheres, os idosos, as crianças, os enfermos e, do mesmo modo, os animais e as plantas.

A violência bélica desarmada
Aqui se incluem todas as formas de imperialismo, colonialismo e neocolonialismo que retiram ou restringem a liberdade e a independência econômica/política/cultural de povos ou grupos de povos. A essa forma de guerra pertencem, entre outros, o embargo e, atualmente, também as estratégias da "globalização". A violência bélica desarmada funciona com a ameaça direta ou indireta da violência armada ou mediante o estabelecimento de determinadas estratégias políticas, econômicas e tecnológicas. Não raro, acompanha-a a exploração ou mesmo a pilhagem de regiões inteiras.

A violência estrutural e sistêmica
Em geral, a violência estrutural se manifesta indiretamente e sem atores visíveis. É o caso da desigualdade nas relações de poder e nas oportunidades de vida e da violência nas relações sociais, que fazem parte do sistema político e econômico. Também a violência estrutural pode destruir a vida e matar. A falta de instrução, o analfabetismo, o desemprego, os padrões precários de higiene e saúde e as conseqüentes doenças, epidemias e altos índices de mortalidade infantil; aqui também figuram a arquitetura desumana e as condições indignas de moradia, assim como o sacrifício diário de vidas humanas no trânsito e a ameaça de destruição da natureza e do meio ambiente.

A par dos efeitos diretos sobre a saúde e a vida, a violência estrutural provoca a destruição do sentimento de valor próprio e leva à sensação suicida de impotência. Também o alcoolismo, a dependência de drogas e o comportamento político-social evasivo ou retrógrado pertencem ao seu âmbito de poder, tal como o protesto violento de suas vítimas. A violência estrutural, ademais, aniquila a coesão dos grupos atingidos e, basicamente, destrói os vínculos humanos.

A violência ideológica/espiritual
Sua essência se manifesta na repressão interior dos homens mediante os aparatos de educação e propaganda. A violência ideológica condiciona os homens, manipulando-lhes a ação e o comportamento e até levando-os ao emprego da violência contra os demais (a guerra e o ódio racial). Trabalha com imagens de desigualdade e demonização e estimula o ódio e o preconceito. Reforça a fixação na autoridade dos homens, debilita a capacidade de responsabilidade própria e, com freqüência, rompe as resistências interiores naturais. O âmbito da prática da violência ideológica/espiritual estende-se das ideologias político-sociais, passando pelos dogmas religiosos, até o consumo e as campanhas publicitárias dos meios de comunicação. A violência ideológica — sobretudo na publicidade e na propaganda política modernas — apela fortemente para o inconsciente e, assim, mascara seu próprio propósito. No âmbito das relações humanas e sociais, as relações de autoridade são o terreno em que brota a violência espiritual. Muitas vezes, ela já se fundamenta na própria forma das relações de autoridade e é praticada inconsciente ou involuntariamente pelos atores.

A violência contra o meio ambiente e contra as criaturas que acompanham o homem
Devido à absolutização de seu ser e de suas exigências de vida, os homens descuidam da existência e dos direitos vitais de outras formas de vida — desde os organismos mais simples, as plantas, até os animais mais altamente desenvolvidos. As conseqüências são a destruição das bases e das formas da vida e a extinção de espécies inteiras. A violência contra o meio ambiente tem lados pessoais, coletivos e estruturais, e sua abrangência é global.

A violência contra si mesmo
Pode ser de natureza física e psíquica. Aqui se incluem o suicídio e também a lenta autodestruição por intermédio das drogas, do tipo de alimentação, das pretensões na vida e das formas de comportamento. A violência contra si tem raízes em moléstias físicas e psíquicas, na incompreensão, na falta ou na perda do amor e da ternura, assim como na impotência aparentemente sem saída ou ainda na experiência do fracasso. Seu ponto de partida muitas vezes remonta à primeira infância.

A violência da técnica
No curso de seu desenvolvimento, o homem aprendeu a delegar cada vez mais poder à técnica e, inclusive, a nela materializar fantasias de violência e propósitos destrutivos. O potencial deletério da técnica militar é evidente; não muito menor é o potencial destruidor da economia tida por absoluta. E a humanidade apenas começa a tomar consciência, devagar, dos efeitos colaterais disruptivos mesmo da técnica originalmente pacífica, voltada para a libertação do homem.[1] A técnica, as estruturas altamente tecnicistas e a conseqüente gigantesca aceleração despersonalizam o emprego da violência tanto quanto a violência estrutural e a sistêmica, das quais são produto. Os efeitos se voltam, conforme o potencial de cada técnica, contra todas as formas de vida. Atualmente, a violência de determinadas formas técnicas adquire, a partir de diversos e paulatinos desenvolvimentos isolados, uma nova qualidade que atinge diretamente a vida humana e outras formas de vida. Esta é a mensagem que nos deixou o passado século XX:

Em princípio, a violência na Terra já não conhece nenhum limite no que se refere ao seu potencial destrutivo. Em última instância, ela ameaça com um generalizado apocalipse fabricado pelo homem. E esse apocalipse vem se tornando cada vez mais provável à medida que desaparece o escrúpulo no emprego da violência mediante a técnica avançada.

2. Violência gera violência

> "O que outros ensinam, eu ensino:
> O homem violento tem morte violenta.
> Eis o cerne da minha doutrina."
> *Tao Te King, 42*

Um homem, um guerrilheiro sérvio sob o comando de Tito, é assassinado pelos fascistas croatas. Seu nome: Mladic.

Meio século depois, seu filho, um general sérvio, vinga-se brutalmente dos croatas.

A filha deste, em face dos atos do pai, no "Massacre dos Bálcãs", suicida-se aos 23 anos de idade.

Um drama familiar? Bem mais do que isso: trata-se de uma lição sobre a lei de causa e efeito. Os homens colhem o que semeiam, ainda que isso tarde gerações ou por gerações se estenda. A violência gera a violência, a vingança, o sofrimento, e tem por conseqüência mais violência e mais sofrimento, a não ser que uma das partes renuncie incondicionalmente ao jogo mortal do bem e do mal, no qual o outro sempre incorpora o mal. Nós colhemos o que semeamos. E isso não se aplica unicamente aos crimes capitais. Também os nossos pensamentos têm conseqüências. Não só porque a guerra e o conflito podem ser encarados como um eco dos pensamentos. Estes também têm efeito retroativo sobre nós. Ao me permitir o sentimento de ódio por outro homem ou por um grupo humano qualquer, eu lhe dou um poder real sobre mim. Pois o ódio detém o pensamento no negativo, concentra-o no obscuro: com influência sobre toda percepção, todo pensamento, toda sensibilidade e, enfim, toda ação.

Desdenhando minha própria parcela de culpa e tratando de buscar a culpa nos outros ou nas "coerções objetivas" e/ou nas estruturas, eu reduzo minha capacidade de responsabilidade própria e reforço em mim a aceitação da violência e a disposição de praticá-la. O bode expiatório, a quem se atribuem todas as culpas e que depois é deportado para o deserto, só liberta efêmera e ilusoriamente. Não serve senão para deslocar a violência e a parcela de culpa de cada um. E deixa a porta aberta para mais violência.

Na história, verificou-se que a violência gerou violência também no caso daqueles que impuseram a paz por meios violentos. A paz que repousa na violência não pode ser amplamente justa; mesmo que, do ponto de vista histórico, não tenha havido nenhuma alternativa realista. Alternativa havia. O que faltou foi a disposição para a paz, em ambos os lados, e a conciliação como base do armistício. E assim, a paz violenta, a "paz *contra* o outro", já traz em seu bojo a semente de mais violência que brotará assim que os problemas surgirem. Toda violência, inclusive a dita "justa e a serviço da paz", deixa em seu rastro sacrifício e sofrimento e, com eles, a questão da represália, da culpa e da expiação.

Que nós colhemos o que semeamos é uma proposição verdadeira no individual/biográfico. Mas é igualmente verdadeira no coletivo — nas tribos, nos povos, nas nações — e vale inclusive para a espécie, ou seja, para o conjunto da humanidade. Não escapamos ao fato de sermos seres sensíveis no cosmo da sensibilidade, a Terra, e de percebermos inconscientemente grande parte até mesmo daquilo que se passou na história ou muito longe da percepção direta dos nossos sentidos. Sendo parte da vida, nós também participamos de tudo quanto os demais membros da nossa espécie fazem ou fizeram. Acaso surpreende que, numa fase histórica da humanidade como a atual, na qual o próprio significado da existência é basicamente questionado por inconcebíveis e abrangentes processos de destruição, se destaquem particularmente dois tipos de comportamento humano? Uma parte da humanidade se cala, alheando-se e suprimindo com violência todo saber e toda percepção das conseqüências de suas próprias ações; num frenesi orgiástico desencadeado pelo consumo compulsivo que desbarata energias e matérias-primas não renováveis, extermina milhões de animais em nome do prazer ou de rituais arcaicos, destrói espaços vitais criados em milhões de anos, explora outros povos e, mesmo assim, já não consegue se livrar do vazio e da escuridão espirituais. Ou então o campo de percepção da destruição e do sofrimento desce qual pesada e esmagadora mortalha sobre a outra parte da humanidade, paralisando-a, suscitando nela a sensação de impotência, inutilidade e desamparo. É necessário compreender o aumento enorme de moléstias psíquicas e psicossomáticas, sobretudo nos países ricos e nos seres humanos mais sensíveis do mundo inteiro, assim como a letargia depressiva que parece grassar em vastas regiões do mundo. A grande escala da violência global empurra para baixo cada vez mais seres humanos, apartando-os da luz. O reverso da violência atingiu o núcleo espiritual na humanidade.

3. Violência por quê?

A questão da origem da violência não é fácil de explicar. Mostra-o, entre outras coisas, a polêmica que a esse respeito se verifica na ciência, na política e na religião. Por outro lado, não faltam vestígios que apontam para conclusões plausíveis.

A violência usada conscientemente é tão antiga quanto a vida consciente. Faz parte da própria existência humana e da relação do homem com o meio ambiente natural ou por ele criado. *Homo homini lupus est* — o homem é o lobo do homem; essa antiga constatação, nós a complementamos hoje com o conhecimento de que o ser humano sempre se apresenta como um "animal feroz" perante *toda* a vida na Terra. Isso lhe é possibilitado pelo poder extraordinário que desenvolveu, por meio de seu espírito, e por sua capacidade de se impor de forma absoluta — tanto como pessoa quanto como espécie. A absolutização como espécie torna-o indiferente ao sofrimento das criaturas e à extinção de outras formas de vida em nome de vantagens próprias a curto prazo. A absolutização da pessoa, tão notória nas tendências individualistas atuais, assim como a absolutização da própria raça, do próprio povo, do próprio grupo, leva à insensibilidade em face do sofrimento dos outros homens e grupos humanos. Eis o terreno em que floresce a prática da violência.

Instinto e agressão

Esse terreno gera frutos mediante diversas outras facetas da natureza humana, como, por exemplo, a tão profundamente enraizada e, de certo modo, instintiva rejeição do outro e do estranho, a intolerância para com tudo quanto é diferente de seu próprio horizonte de vida, percepção e experiência e, ao mesmo tempo, dele se aproxima e o estimula. É o que eu enfatizo como *natureza* humana, porque cabe à *cultura* contra-arrestar e solucionar racionalmente. Ora, no início do terceiro milênio depois de Cristo, constata-se que o espírito, o pensamento, a linguagem e a razão continuam fracassando na tarefa de superar uma parte de nossa herança histórica. E esse fracasso adquire aspectos dramáticos quando recebe, de "fora", instintivas e insidiosas justificativas doutrinárias e orientações coletivas voltadas para a defesa. O rastro de sangue resultante passa pelas guerras e massacres da história até chegar aos excessos globais do século do Holocausto e do suicídio ecológico. E não há de acabar enquanto a violência oferecer novas justificativas para a violência e a prática da violência receber o último ímpeto de nossa estrutura impulsiva.

Que papel tem a agressão nesse contexto? É indiscutível o destrutivo potencial de violência da agressão e da agressividade. Sem embargo, não basta procurar suas raízes apenas no arsenal genético do homem. Que a agressividade pode ser aprendida, que é condicionada pelo meio social e cultural, é tão patente quanto o fato de ela surgir em conseqüência de prolongadas experiências de frustração. Acrescentam-se ainda outras causas específicas, sobretudo nas relações inter-humanas. Duas delas são significativas neste contexto. No que diz respeito à liberação da agressão na forma de violência destrutiva, interagem fatores instintivos, pessoais e sociais. Essa mistura, e com ela também a influência do fator cultural, determina a direção e a qualidade da agressão. Ora, essa qualidade não apresenta unicamente traços negativos. A agressão pode muito bem surgir como firmeza, auto-afirmação, capacidade de impor-se, postura contrária ao estímulo à violência destrutiva. Nesse caso, resulta numa fonte de força totalmente positiva e numa qualidade que favorece o desenvolvimento, ou seja, numa faculdade necessária à vida. Reprimi-la ou tolhê-la pode levar a um estado depressivo de autodestruição, o qual pode passar a outro, também de agressão contida, que, na ocasião propícia, ganha forma explosiva e incontrolável.

A vontade de sobreviver

A vida humana pode tomar a forma de uma luta pela auto-afirmação e pela identidade. Então a violência faz parte das opções de ação e comportamento quando, em conseqüência de relações de injustiça, os homens não conseguem construir sua identidade, ou quando esta é contestada ou até mesmo demolida por atos violentos externos, e outras possibilidades de solução não são culturalmente transmitidas e oferecidas ou já não prometem sucesso. Isso também se aplica ao interindividual, ao social e, hoje em dia, ao global. Justamente a economia social e ecologicamente exploradora, como ainda se pratica em quase todos os sistemas econômicos da Terra, provoca lutas pela construção e a garantia da própria existência, apela para a vontade de sobreviver e afirmar-se — não só nos indivíduos como igualmente nos pequenos e nos grandes coletivos. A violência que aí se desenvolve, inclusive a guerra, constrói, ao lado de toda destruição e autodestruição, uma nova identidade pessoal e/ou coletiva com a correspondente consciência de identidade. Os mecanismos de identidade grupal de uma gangue do Bronx distinguem-se apenas em grau, mas não fundamentalmente, dos de uma consciência nacionalista, étnica e/ou religiosa fundamentalista.

A luta pela identidade e pela auto-afirmação também tem um componente espacial territorial. A expansão do território próprio, o reforço do poder e da influência mediante a conquista do alheio, destacam-se como causa da violência na história — e, uma vez mais, tanto estatal-militar quanto econômica e interindividualmente. No passado e no presente, o aumento da densidade e da falta de espaço nas condições de vida e habitação, ligado ao acelerado crescimento demográfico, colocou num novo nível o problema da escassez ou falta de territorialidade do indivíduo e/ou do coletivo. O espaço restrito influencia a identidade e a autoconsciência, e ao desejo de desenvolvimento pessoal corresponde o de dilatação territorial. As consequências violentas não se manifestam apenas na tentativa ou na prática da usurpação do território alheio. Verificam-se também na atitude agressiva para com os membros do próprio coletivo e inclusive para consigo mesmo.

A busca da proximidade

Por trás da expansão violenta do âmbito da própria vida; contudo, é possível que se achem motivações bem diversas e, de início, aparentemente paradoxais: como a busca da proximidade do outro e a tentativa de mesclar-se com os demais. A esse respeito, Michael Lukas Moeller afirma:

"Ocorre que não queremos apenas sobreviver; queremos muito mais: nós queremos nos multiplicar e transformar-nos. Desde tempos imemoriais, a grande linha erótica da índole guerreira [...] assegura objetivos eróticos na guerra (o rapto de mulheres por exemplo), amplia, tanto com batalhas quanto com matrimônios coletivos (por absurdo que seja, ainda hoje presentes na fantasia inconsciente), a própria existência e o âmbito da vida, atendendo, nessa ação sangrenta, a uma compulsão evolucionária manifesta em todas as espécies não só à propagação como também à mistura dos genes a fim de garantir a multiplicidade da vida [...] Avancemos um passo mais. Partamos da idéia aparentemente disparatada de que, por trás da guerra, se oculta o desejo de se aproximar do inimigo. Sem dúvida, a guerra é uma dramática aproximação recíproca, coisa que já nos devia deixar perplexos. Nenhum [...] terapeuta de casal poria em dúvida esse desejo de proximidade num conflito violento. Na guerra, porém, o objetivo é sobretudo o de unir-se ao adversário: incorporar o inimigo."[2]

A prática da violência como busca da proximidade, a violência equiparada ao impulso erótico: também em outro aspecto semelhante motivação é mais comum do que se imagina. Pois o amor tem sempre uma relação ambígua tanto com a paz quanto com a violência. É o que expressa a mitologia antiga na relação de Vênus com Marte e de Afrodite com Ares: as deusas do amor com os deuses da guerra. Certamente se pode interpretar tal relação de diversos modos: como o aprisionamento das forças guerreiras pelos grilhões do amor, ou seja, o amor a refrear a guerra ou mesmo a atração e a fusão mútuas do modo de ser guerreiro com o amoroso. Também aqui se acham partículas de verdade em todas as possibilidades, e a visão sentimental, transfigurada do amor reduz-se ao conhecimento adequado: que a sombra toca a luz, a libido pode desencadear a violência e as relações mais estreitas muitas vezes trazem em seu bojo o medo da perda e mecanismos de defesa violentos.

Igualmente paradoxal (à primeira vista), tal como a vizinhança do amor com a violência e a expansão violenta do território com base na busca da proximidade do outro, é o esvaziamento das perspectivas de futuro daqueles que são amados por parte dos que os amam. Assim, não se pode negar o amor de muitos pais pelos filhos e netos. Não obstante, eles destroem com veemência os fundamentos da vida e da sobrevivência dos descendentes: o ar de que precisam para respirar, a água, o solo, a paisagem e as florestas, a diversidade de plantas e animais. Violência contra a vida — a despeito do "amor" por aqueles que, sem essa vida, dificilmente terão condições de existir. De que vale esse "amor" se o poder do ter e do dinheiro, do bem-estar e do costume é maior que a força da responsabilidade que se nutre do amor *e* da sensatez? No que se refere à prática de tal violência, verifica-se participação igual de mulheres e homens — já no que diz respeito à violência direta contra o ser humano, são predominantemente os homens que a praticam.

A volúpia da violência

Qualquer cidadão médio razoavelmente instruído e civilizado manifesta de pronto e sem vacilar sua aversão à violência bruta. No entanto, declaração formal raramente se justifica. Há um fascínio peculiar pela violência que chega a ser uma volúpia — e isso se detecta não só nos patológicos violentos, mas também nas pessoas que o nosso meio considera normais e em nós mesmos. Na mídia, a violência exerce tanta atração quanto os acontecimentos sinistros do dia-a-dia: acidentes, atentados ou catástrofes. O calafrio *sui generis* do horror, que tanto agrada o *voyeur* da violência, exige sempre mais. A percepção da violência, tanto quanto a sua prática, pode tornar violento. Esse deslumbramento com o horripilante torna sedutoras as sirenes na rua ou à porta de casa, provoca aglomeração no local de um acidente, tem o mágico poder de levar multidões aos locais de execução pública e aumenta vertiginosamente os índices de audiência dos programas de televisão em que aparecem desastres, ocorrências policiais e calamidades. Ora, é possível questionar essas constatações, que afinal se verificam em quase todas as sociedades do mundo, argumentando que um verdadeiro abismo separa o desejo de assistir à violência de sua prática propriamente dita. Decerto seria excessivo equiparar o *voyeurismo* da violência com o seu exercício. Todavia o comportamento de muitos seres humanos no trânsito mostra claramente pelo menos a aceitação latente do ferimento e da morte de outras pessoas. E, nas guerras, não são pistoleiros profissionais os que matam outros soldados — ou mulheres, crianças e idosos —, e sim rapazes considerados decentes: muitas vezes indignados consigo mesmos e com a fusão da libido com a agressão. Acaso já esquecemos o entusiasmo com que se prepararam e iniciaram certas guerras? Não é outra a mensagem da Saraievo de 1914, de Auschwitz, da ex-Iugoslávia, de Ruanda etc. etc. etc.: o assassino e o prazer de assassinar espreitam dentro de nós. E espreitam as ocasiões em que se relativiza o tabu de matar. Com desmedida freqüência, os animais são objeto da violência e do prazer de matar. Aqui a caça, as experiências em laboratório e a carnificina cega escreveram sua própria história da relação da luxúria com a morte.

Com os modernos meios de comunicação de massa, e muito particularmente a televisão, abriram-se novas válvulas e canais para a volúpia da violência — no sentido mais autêntico da palavra. Em conseqüência desse fato, registram-se a glorificação e a banalização generalizadas da violência.[3]

Ainda que existam tendências contrárias, sobretudo nas emissoras públicas, detecta-se a propensão geral desse meio específico a divulgar a possível violência individual e social. Ele a tem disseminado em toda a sociedade, apresentando-a como basicamente aceitável e tolerável. Em muitos programas chega a mitificar o herói violento. Obviamente, a televisão não é a causa do potencial social de violência de uma sociedade orientada para a capacidade de afirmação, de uma sociedade em que a violência estrutural está na ordem do dia na pobreza, no desemprego, nas condições de habitação e nos contrastes sociais. Não obstante, a "telinha" é em grande medida co-responsável pela enorme difusão da familiaridade com as atitudes brutais e do notório respeito social por elas. As crianças e os adolescentes associam a violência televisual à violência de todos os dias. Isso só pode levar a que a solução dos conflitos pela violência, tal como é apresentada na tela, passe a ser vista como natural no seu próprio universo. E só pode levar a que se torne cada vez mais difícil a identificação com as vítimas, sobretudo devido ao seu grande número, assim como a compaixão e a empatia com outros seres humanos. A apresentação da violência, na televisão, é inseparável da exibição do sofrimento. No que se refere à existência do sofrimento humano, é plausível supor que a nossa época não se diferencia muito do passado da humanidade. Nova, porém, é a dupla exploração industrial desse sofrimento por parte dos meios de comunicação: por um lado, com relação às próprias vítimas e, por outro, no que diz respeito à incapacidade de participação e de solidariedade daqueles que consomem o sofrimento alheio como um produto qualquer. Numerosos programas exibem uma miscelânea de destinos, um amontoado fotogenicamente apresentado de sofrimento, cuja conseqüência só pode ser a dessensibilização e a padronização pelo hábito. Isso vale não só para os programas de entretenimento e/ou ficção como também para o preparo e a transmissão dos noticiários. Parece que se fazem necessárias imagens cada vez mais extremas para chamar a atenção na luta pelos índices de audiência e pela preferência do telespectador.

O órgão dos sentidos mais sedutor do homem é a visão. Pelos olhos nós nos deixamos cativar, mesmo contra os critérios de decência, respeito e dignidade da mente e do coração. Basta que o anormal, o sinistro, o perverso e o inconcebível entrem no nosso campo visual para que os olhos participem da percepção e a dominem, quando ocorre um contrafluxo inconsciente. Ora, a cabeça e o coração assumem o papel mais fraco em face do estímulo óptico. É o que mostra nítida e reiteradamente o comportamento das pessoas diante de acidentes e, também, diante do insólito e do estranho. Em virtude do domínio da visão, o homem pouco tem a opor à aberração que violenta a normalidade, principalmente quando o exposto afeta instintos que, numa sociedade civilizada, via de regra, são sublimados e, portanto, reprimidos pela razão, pelos códigos, pelas regras, pelas normas e pelos ideais. A televisão do impulso e da exposição — chamemos assim os canais que oferecem esses programas — desperta justamente esses instintos, assim como um voyeurismo ilimitado e ao mesmo tempo sem risco, já que ocorre na sala de estar; anula a razão e, assim, deixa o telespectador da violência à mercê de impressões sensuais, ao sabor do desejo de observar o sofrimento e a extrema alteridade dos outros seres humanos.

Imaturidade por culpa própria

Não é difícil achar motivos e, inclusive, justificativas para a sensibilidade e a ação violentas do homem. Vão desde a referência à nossa constituição genética até explicações com base nas condições sociais gerais e na injustiça. O presente texto seria mal compreendido se desse a impressão de atribuir a causa da violência à sua justificação indireta. Por mais que a violência possa ter motivos, eles não outorgam o direito de praticá-la. Antes de mais nada, a violência promete a solução mais fácil e rápida dos problemas. Ora, devia ser essencial ao homem de espírito e guiado pela razão reconhecer a armadilha assoladora que se esconde por trás dessa visão precipitada e enxergar através das conseqüências. Entretanto, com respeito a esse serviço necessário e sempre possível do coração e da razão, devemos registrar o seguinte: a violência, a estupidez e a preguiça espiritual estão sempre e inseparavelmente unidas. E continuam levando àquilo que os pensadores do Iluminismo classificaram de imaturidade por culpa própria. E convertem a violência do século XX num terrível fanal: por trás dela encontra-se a falta de disposição em aprender com a história e com o simplesmente óbvio. Mesmo que o coração calasse, o entendimento devia bastar para constatar a essência destrutiva da violência. Até onde a razão humana já nos levou, a que grandiosas realizações uma inteligência analítica altamente desenvolvida nos capacita! No entanto — pelo menos nas graves situações de conflito — ela continua parecendo envolta numa mentalidade e numa situação básicas pronunciadamente arcaicas. Do crime de rejeitar o crescimento e o desenvolvimento nenhum ser pertencente à espécie humana pode se considerar inocente. Nesta questão não há justificativa, não existe a possibilidade de se esconder atrás das "condições" e das "coerções" objetivas. O homem só é homem mediante o esforço pelo desenvolvimento. E esse esforço começa com o seguinte conhecimento: "*Não pratique a violência contra o seu próximo nem contra si mesmo.*"

Também se pode chegar a claras conclusões sobre o grau de desenvolvimento de qualquer religião em que esse fundamento não ocupe um lugar central na doutrina e na prática. Com que astúcia se forjam aqui escapatórias para que a disposição para a paz, por todos colocada em primeiro plano, simultaneamente abra caminho para a violência ou a aprove. "Deus" passa a ser então uma mera tela de projeção da vontade e da consciência humanas. Em seu nome, empreendem-se guerras "santas" e "justas". Em seu nome, procede-se à contabilização da violência e da correspondente contraviolência, da injustiça e da devida represália. A culpa do homem e a sua ferocidade — assim como a sua salvação — são deslocadas para a queda e o pecado original, que a misericórdia redime totalmente e a expiação indeniza. São inúmeros os artifícios equivalentes que, no caso do cristianismo, nada têm em comum com a mensagem de paz e amor do Nazareno. E, afinal, continuam conduzindo ao pior ferimento e à pior morte, já que infligidos em nome de "Deus". Aqui figura o trato dispensado aos outros seres vivos, o primitivo e bárbaro sacrifício, ou seja, o consumo ritual de animais ainda hoje praticado por diversos cultos, inclusive pelas chamadas grandes religiões abraâmicas. Entre o peru de Natal dos cristãos, o carneiro sacrificado dos muçulmanos e o consumo da carne *koscher* dos judeus não há nenhuma diferença fundamental, apenas de grau.

Enquanto os seres humanos esconderem sua violência atrás de uma suposta "vontade de Deus" ou com ela pretenderem justificá-la, e justamente neste ponto, recorrendo às tantas absolutizações de si, não assumirem seus atos e não procurarem se desenvolver, a paz continuará sendo pouco menos que uma utopia. E não passará de uma ilusão, pois, em última análise, não será desejada. A "consciência tranqüila" que obtêm os que se escudam "em Deus" para praticar a violência pertence — nas palavras de Albert Schweitzer — verdadeiramente "ao Diabo".[4]

4. O mal

Quem pratica a violência ou dela se ocupa depara cedo ou tarde com a questão do mal. O mal: os homens o pressentem, percebem-no, vêem-se a si ou aos outros em seu poder e, mesmo assim, não conseguem chamá-lo pelo nome, e muito menos explicá-lo. Ameaçador e funesto, ele aparece com sua aura tenebrosa e deixa atrás de si arrepios, frieza, horror e medo. Todos os povos experimentaram a sua existência em todas as épocas da história humana. E todos fracassaram em sondar-lhe a efetividade e a realidade metafísicas. Deram-lhe nomes, como "diabo", para melhor compreendê-lo; mas, com isso, não fizeram senão confessar que não o haviam penetrado e vencido. O poder do mal pertence ao âmbito supra-humano e penetra profundamente o humano. C. G. Jung o designou como o "inimigo sombrio e eternamente ativo na natureza humana" e como aquilo que, desde o mais remoto começo, aparta o homem do caminho da sabedoria. E acrescentou: "Naturalmente, eu não tenho condições — ninguém tem — de definir o que é o mal em si."[5]

Como realidade fatal, o mal surge no homem por intermédio do homem e de tudo quanto lhe diz respeito: tanto no individual quanto no coletivo, tanto no pontual e singular quanto, às vezes, num aglomerado incrível e inconcebível, como nos coube experimentar no século XX, o do Holocausto. E faz parte dessa experiência o fato de terem sido e ainda serem homens normais os que o serviram e servem. Aqui convém um esclarecimento. O mal não se confunde essencialmente com a violência. No homem, expressa sobretudo a relação com o livre-arbítrio, com a possibilidade de decidir pró ou contra a responsabilidade, pró ou contra o ato de ferir e matar. Isso nos distingue do animal e da violência bruta no âmbito pré-consciente. Ainda que o mal tenha existência metafísica, só se converte em mal, no homem consciente ou por intermédio dele, pela via da decisão. Entre "praticar o mal" e "querer o mal" há uma distância ao mesmo tempo quantitativa e qualitativa; e aqui o critério de valor provém do grau de desenvolvimento e da constituição da consciência humana. Ainda que, da perspectiva da vítima, sejam iguais as conseqüências do mal no homem e por intermédio do homem, é o grau de consciência que estabelece a pauta. Portanto, como veremos adiante, vem a ser missão do ser humano empenhar-se em tomar consciência e, desse modo, reduzir e até eliminar a possibilidade de incidência do mal. Como realidade essencial metafísica, o mal está sempre presente no ser espiritual homem. Quando se fala na possibilidade de incidência do mal, não se trata unicamente de uma relação de fora para dentro, trata-se ao mesmo tempo do despertar de algo adormecido em nós. Quanto maiores forem a preguiça, a imaturidade e a disposição para a paixão desenfreada no ser humano, tanto mais há de vibrar a caixa de ressonância do mal. Para Martin Buber, é justamente isso que significa desviar-se de Deus. "O homem apaixonado desvia-se com a sua paixão, o preguiçoso, com a sua preguiça [...] Os verdadeiros demônios históricos são o uso desses desvios por parte dos poderes históricos."[6]

O espírito do homem inconsciente do seu eu possível estimula o poder do mal, fortalece-o. Quando, por exemplo, se cria um clima anti-semita durante décadas ou séculos, surge um vastíssimo campo de cultivo para o ódio individual e coletivo; e quando a cultura não se contrapõe a ele, despertando o amor, a compreensão e a tolerância, o excesso possível aguarda permanentemente a sua hora, a sua vez. E ela acaba chegando.

Eu insisto nesta formulação incisiva: o mal só pode se realizar como mal, só vem a ser o mal, graças ao atraso cultural e/ou pessoal do ser humano, graças à recusa das possibilidades de desenvolvimento ao seu alcance.

O ódio

A forma mais intensa de expressão do mal é o ódio. E este não deve ser encarado como causa, e sim como conseqüência, da eficácia do mal. Pois precede-o a recusa ao desenvolvimento, a insistência em permanecer nas trevas. Eis o que afirma a Primeira Epístola de João:

"Aquele que diz que está na luz, mas odeia o seu irmão, está nas trevas até agora. O que ama o seu irmão permanece na luz, e nele não há ocasião de queda. Mas o que odeia o seu irmão está nas trevas; caminha nas trevas, e não sabe aonde vai, porque as trevas cegaram os seus olhos" (2.9-11).

Mas por que surge o ódio?

Buda o atribui ao ciúme e à cobiça. O apego excessivo ao que se tem e o desejo violento ou dissimulado pelo que ainda não se tem comandam a agressão carregada de ódio, e esta há de existir enquanto os homens estiverem concentrados no ciúme e na cupidez. Isso inclui, como observa Ken Wilber, o apego excessivo à nossa própria personalidade![7]

No que se refere à nossa tese central das possibilidades de desenvolvimento do homem, falar em trevas e apego significa: o ódio tolhe o pensamento. O ódio estimula a baixeza, a discórdia e a destruição. O ódio prepara o ato no espírito obscurecido, e, então, basta um "empurrãozinho" para que ele se realize. Portanto, o ódio é basicamente ruim, ainda que se volte contra o negativo. Mesmo o ódio pelo mal destrói: no mínimo, destrói aquele que odeia pelo aprisionamento e o obscurecimento do seu pensamento, do seu sentimento e da sua percepção. Por outro lado, o ódio pelo negativo impede de reconhecer, no negativo, aquilo que possivelmente não se libertou, o lado bom que, embora esteja reprimido, é passível de estímulo.

A violência desgovernada

Por mais que sua origem remonte a culturas remotas, há muito desaparecidas, é na presente era moderna que nos vemos diante de uma nova qualidade e de uma nova forma do mal. Estas surgiram e se desenvolvem retirando a força criativa de seu contexto de totalidade. O homem, por meio de sua razão analítica — outrora isolada —, libera forças que, uma vez soltas, fogem ao controle. Aqui se encaixam perfeitamente a fissão nuclear com suas conseqüências, a fissão química e os novos compostos, assim como a manipulação genética e seus desdobramentos. Em mãos humanas insensatas, as forças criadoras e originais transformam-se em formas autônomas de violência, com legitimidade própria e insopitáveis resultados. Divorciadas do todo, elas atingem o todo. Apartadas do equilíbrio, provocam novas e imprevisíveis instabilidades. Liberadas e a serviço da ânsia de poder e riqueza do homem, assim como de sua fáustica compulsão de saber, geram uma nova e anônima aura tenebrosa. Elas fazem parte daquilo que, com o aval de Karl Barth, se pode chamar de violência desgovernada, a qual, partindo do homem, volta-se contra ele. Mas o ser humano cria uma violência desgovernada não só por intermédio da liberação das forças naturais como também mediante as estruturas de poder, da propriedade, da economia e da infiltração espiritual. Tudo isso está em nós; porém, trata-se muito mais de uma questão de ações humanas negativas. O acúmulo e a combinação de atos isolados conferem uma qualidade superior à constituição geral de uma cultura.

Também a violência desgovernada só chega a sê-lo graças ao homem. No princípio básico do seu funcionamento, ela não é má em si; ela se torna má nas suas conseqüências sobre o ser humano e sobre a criação. Igualmente suas causas — como no caso do ódio — são a irrefreável ambição do homem e sua resistência a desenvolver-se. Torna-se mal tudo aquilo que, inclusive como ação banal, ao nascer e na ante-sala espiritual recusa o amor e o conhecimento.

Em face dos demônios da violência desgovernada, o indivíduo é ainda mais impotente que diante do poder do mal manifesto em outro homem ou num grupo humano. O enorme aparato de máquinas apocalípticas atômicas, biológicas e químicas não tem nenhuma sensibilidade para os gestos de amor. A rede mundial de grandes bancos e mercados financeiros não se deixa tocar pelo sopro da ternura. Por sobre o abismo do ódio que separa os povos inimigos, o estrépito das armas abafa com excessiva freqüência os clamores de paz. E a cobiça cega de milhões de homens asfixia o apelo ao respeito pelos animais e as plantas.

Graças ao mal, estamos vivendo tempos sombrios. Parece que mundos opostos se armam para, atacando juntos e por todos os lados, apartar os homens de si mesmos, de suas potencialidades e de sua afinidade com o divino. E o divino se mantém oculto na hora da prova pela qual o homem deve passar por si só — aninhado no amor, quando ele se entregar; aninhado na confiança, quando ele arriscar. E contra todos os poderes, cuja intervenção, apesar de sua enorme força destrutiva, ainda é limitada.

A prova da liberdade

> "Porque ele faz nascer o seu sol igualmente sobre maus e bons e cair a chuva sobre justos e injustos."
> *Mateus 5.45*

O mal faz parte da existência — é uma prova para a liberdade. Sendo uma possibilidade sempre presente, pertence à essência do homem e, assim, da criação. À criação, enquanto evolução e processo, falta ainda o último retoque. É esse o preço da nossa liberdade. Para que a criação tenha um futuro com o ser humano, é preciso agir sobre a estrutura do mal — individual, social e global — com plena consciência de que, por maior que seja o sucesso nessa luta, sempre há de ficar um resíduo inexplicável, impossível de ser compreendido e transformado pelo homem. Nunca escaparemos da singular dualidade do mal: em nós e por nosso intermédio, como responsabilidade própria e como realidade essencial metafísica. Sem dúvida, a humanidade sempre estará às voltas com a situação de fracassar na questão de determinar se, afinal de contas, uma coisa é boa ou má. Quantas vezes na história as boas intenções levaram à tragédia? E quantas vezes o que determinada época atribuiu ao diabo resultou numa bênção no curso da história? A luta contra o mal é precedida pela arte de distinguir. Sem o despertar da capacidade de diferenciar, fica bloqueado o caminho da disposição para o amor. Conquanto não possamos entender cabalmente a origem do mal, reconhecê-lo exige de nós a totalidade do ser. Para tanto, contamos com nossa percepção espiritual e física. Só quem for capaz de saber conseguirá sair da letargia rumo à decisão. O importante não é propriamente a periculosidade do mal, e sim o modo como lidamos com ele e o que cultivamos em seu lugar.

II. Violência contra a Violência?

～⁓～

Há épocas e lugares em que se verificam irrupções de violência de tal modo exorbitantes que causam assombro e horror profundos. O século XX soçobrou nessa experiência. Nenhuma legislação do Estado de direito conseguiu resistir mediante a polícia e a Justiça, à violência homicida de criminosos isolados ou de pequenos grupos. Quando povos inteiros ou grupos conclamam à batalha, ficam em grande parte anulados a eficácia das leis, o respeito ao direito e a sensibilidade à injustiça. Então pode ser que outros povos ou a comunidade internacional também peguem em armas. E é clara a resposta da habitual política do poder e também a reação comum das pessoas:

"Só se pode enfrentar o mal com a violência. Só a contraviolência se opõe à violência e a detém. O violento não entende senão a linguagem da violência."

Que outra coisa dizer diante da montanha de cadáveres e dos corpos e espíritos maltratados? Até o mais convicto dos pacifistas sabe, no íntimo, que podem advir semelhantes épocas de horror, nas quais se disseminam as tendências a calar e até a aceitar inconseqüentemente o mal; nas quais aumenta incomensuravelmente o sentimento de co-autoria e culpa. Contraviolência: nas situações excepcionais, o homem que aspira à paz sempre enfrenta o dilema interior da decisão a tomar, da postura a adotar. Enquanto o ser humano ainda estiver trilhando o caminho do crescimento evolucionário, não existirá uma resposta última, incondicional e absoluta.

1. O que significa contraviolência? — Diferenças

Em face da injustiça, pode parecer cínico, do ponto de vista das vítimas, proceder a classificações e ponderações. A morte de uma pessoa não se torna mais suportável para os sobreviventes porque se trata "apenas" de um caso isolado ou "apenas" de uma vítima entre milhões. E a mera ordem de grandeza do sofrimento provocado tampouco serve de critério para justificar a contraviolência. Muito mais decisiva é a questão prática da violência em si em relação à intenção violenta. Isso torna a contraviolência — conforme as circunstâncias — um problema pessoal e/ou coletivo, sendo que a contraviolência individual tanto pode se dirigir a um indivíduo quanto a um grupo ou a um coletivo, assim como a contraviolência coletiva pode visar tanto ao todo quanto a grupos ou a pessoas isoladas.

A injustiça acontece sempre — em todas as comunidades da Terra. Porém, no que tange às conseqüências, é preciso verificar se a injustiça passou a ser o princípio, ou seja, a estrutura da formação e da orientação dessa comunidade. Nos casos em que se verifica a ameaça à integridade física e à vida de homens isolados, de grupos humanos ou de povos inteiros, a história da humanidade reconhece o direito de resistência, raras vezes escrito, mas legitimado pelo direito natural. É preciso distinguir com cautela esse direito — percebido como a revolta contra as estruturas e os representantes da injustiça e do terror — da guerra com objetivos imperialistas, políticos, econômicos ou racistas. Também predomina a noção de que é necessário distinguir entre a guerra de agressão e a de defesa. Sigmund Freud escreveu a Albert Einstein em setembro de 1932:

"Não se pode condenar todo e qualquer tipo de guerra; enquanto existirem impérios e nações dispostos a aniquilar brutalmente os demais, estes precisam estar equipados para a guerra."[1]

Da resistência faz parte o tiranicídio, cuja justificativa já se encontra no antigo direito germânico. Seja sob o governo de um Estado, seja sob o de um chefe tribal, esse direito se afirma sempre que grupos humanos maiores são ameaçados por indivíduos isolados. É o que mostra a seguinte história relatada pelo 14º Dalai Lama:[2]

"Numa de suas vidas anteriores, Sakyamundi Buddha, o Misericordioso, nasceu capitão. Em seu barco achavam-se quinhentos mercadores, e um deles queria matar os outros 499 e roubar a todos. O capitão tentou muitas vezes dissuadi-lo dessa má ação, porém ele não renunciou ao plano. O capitão tinha pena dos 499 seres humanos que seriam assassinados e queria salvar-lhes a vida. Mas também tinha compaixão pelo homem que os queria matar, pois, ao perpetrar esse ato, ele atrairia sobre si um karma terrível. E decidiu tomar para si o fardo kármico de assassinar esse homem a fim de poupá-lo do karma do assassínio de 499 homens. E matou aquele que queria liquidar os 499 companheiros. Com base em sua motivação a salvar, ele alcançou, mesmo por meio do homicídio, uma formação positiva de consciência."

Eis a transição para algo próximo de nós, para o que chamamos de "legítima defesa", isto é, o uso da força com o intuito de proteger a própria vida ou a de outrem. A legítima defesa geralmente nasce com a situação, espontaneamente, sem planejamento. Opõe-se à violência estúpida, bruta e maldosa que já não aceita nenhum argumento e nenhum gesto apaziguador. Não existe um só sistema jurídico no mundo que não reconheça a legítima defesa verdadeira.

Faz parte ainda da contraviolência aquilo que, desde o fim da década de 60, ficou conhecido pela expressão "violência contra as coisas". Referindo-se inicialmente ao Movimento da Charrua dos irmãos Berrigan, nos Estados Unidos, que, com marretas e ponteiros, destruíam silos de foguetes atômicos, a expressão não tardou a fazer carreira. Ora, "violência contra as coisas" é uma formulação infeliz. Não existe violência contra as coisas. Pode-se, quando muito, causar-lhes danos. Violência sempre significa uma ação voltada contra os homens e os outros seres vivos, não contra objetos. Com razão, o conceito de violência, no Código Penal, aparece unicamente em relação ao ser humano. Seria atribuir um valor desproposital aos objetos, às coisas e às estruturas igualar os atos contra elas aos que se cometem contra os seres vivos. Indiretamente, justificaria até mesmo os sistemas sociais em que o emprego da violência letal para proteger a propriedade e as coisas encontra mais aceitação que os danos materiais ou a sabotagem em defesa da vida. Acaso há "violência" quando um grupo do Movimento da Charrua ataca um silo de foguete? Ou se trata, isto sim, de danos materiais para salvar vidas preventivamente?

Pode-se falar realmente em "violência" quando um grupo do Greenpeace danifica e paralisa um navio cargueiro repleto de produtos tóxicos ou uma frota de baleeiros? Ou se trata, isto sim, de danos materiais a serviço da proteção à vida?

Sem querer justificar as manifestações políticas que deixam um rastro de vitrines quebradas e automóveis incendiados, o cuidado na escolha das palavras é do interesse de todos.

2. Sobre o direito de legítima defesa e o dever de resistir

Podemos nós, a partir das motivações acima citadas como exemplo, derivar um direito de contraviolência — não só no sentido legal, mas também no espiritual? Não devemos, inclusive, formular esse direito como dever quando vidas inocentes e indefesas estão ameaçadas? Eu quero sublinhar uma vez mais: qualquer resposta genérica seria equivocada; em última análise, a prova cabe sempre à consciência, à disposição e à capacidade pessoais de estabelecer a diferença. Este princípio superior fica à frente e acima das tentativas de esclarecimento que se seguem.

A história oferece inúmeros exemplos em que o direito à contraviolência, interpretado como legal ou legítimo, serviu de pretexto para a prática da violência. Aqui a incursão preventiva contra a temida violência negativa serve de lema principal; em nome dessa legítima defesa de certo modo antecipada, empreenderam-se e ainda se empreendem as chamadas guerras justas.

Um critério decisivo para julgar a violência é o da sua contrapartida: nós não devemos *jamais* ser o ponto de partida da violência, não devemos *jamais* ser os iniciadores da ação violenta. Desencadear ou iniciar a ação violenta, seja pelo motivo que for, atinge no coração a liberdade de ser violento, o espírito de não-violência, e priva de veracidade toda e qualquer ação pacificadora subseqüente. Quem ataca e golpeia com as mãos, com as armas ou com as palavras destrói seu poder de salvar. E salvar é o principal mandamento. Ele vem antes de qualquer causa material ou emocional da violência. O primado da salvação vai muito além do "Olho por olho, dente por dente". E começa em nós mesmos, à medida que, contra nós e contra nossas tendências violentas, nos solidarizamos com as forças da salvação. Ele começa quando tratamos de nos livrar do perigo de transformar a agressão em ódio. Pois o ódio gera a violência. Falseia todo pretexto na desmesurada proporção de sua própria cegueira. Ele destrói tudo quanto o homem construiu contra a barbárie e que chamamos de cultura.

A agressão faz parte do nosso modo de ser. Sua contrapartida é a tolerância, é a paciência; é a defesa contra o mecanismo que, nos conflitos, nos leva à violência. Pode-se dizer que, face ao primado da cultura e da salvação, o conflito se sujeita ao trato conveniente com a agressão. Sem a paciência, a cura não prospera. A paciência também é condição do sucesso a longo prazo. Não é outro o significado da sabedoria taoísta: "Cede e triunfa" (*Tao Te King*, 22).

Não é outro o sentido do mandamento de Jesus: "E se alguém te obrigar a andar uma milha, caminha com ele duas" (Mateus 5.41).

A paciência transforma; e normalmente transforma as duas partes envolvidas. Sem a força da paciência não floresce a dignidade. Quanto mais forte for esta, menor será a necessidade de defendê-la. A dignidade também serve de escudo contra a maldade dirigida dos outros homens.

A justa indignação

Superação da agressão, paciência, dignidade: podemos com isso enfrentar adequadamente todo ato injusto? Sendo máximas orientadoras, elas comportam atitudes interiores. Mas certas questões ficam em aberto.

A paciência é parente da preguiça — preguiça na nossa sensibilidade e no nosso comportamento, sobretudo diante das múltiplas ameaças à vida, não só à humana, da nossa época. A sociedade atual chegou a um nível de desprezo pela vida que torna a capitulação um dever: capitulação diante do desinteresse e da indiferença, diante do liberalismo do *anything goes* e do rebaixamento de valores e ideais de vida intemporais. O protesto e a resistência por meios não-violentos, mas com o empenho de toda a pessoa e de toda a personalidade, impõem-se onde quer que a vida e a dignidade da vida estejam ameaçadas. Proteger e preservar a vida podem levar a situações difíceis. Mas o que há de ser mais importante que isso? Neste contexto, é possível que também a agressão venha a ser necessária à preservação da vida e à opção pela paz a longo prazo. A tradição cristã fala em "justa indignação", vinculando-a à virtude capital da "coragem". Não é o ataque nem a ira que fazem parte do núcleo essencial e constituem a prova definitiva da coragem, e sim a resistência e a paciência — de modo que pode haver situações nas quais a ira tem o seu lugar. Referindo-se a Tomás de Aquino, Josef Pieper acrescenta:

"Mas o fato de Tomás reconhecer que a justa indignação tem uma relação positiva com a virtude da coragem tornou-se incompreensível para a cristandade atual e para seus críticos não-cristãos. Essa falta de compreensão se deve em parte a que, numa espécie de estoicismo espiritualista, o momento da paixão foi praticamente [...] excluído da ética cristã como um corpo estranho; por outro lado, isso se explica pelo fato de a atividade explosiva que se manifesta na ira naturalmente contrariar o bom comportamento e o recato burgueses."[3]

Pode-se tomar como exemplo dessa ira, que confronta a indignação com o ato e o gesto claros de protesto, o episódio da Purificação do Templo por Jesus, sobre o qual escreve o evangelista João:

"No Templo, encontrou os vendedores de bois, de ovelhas e de pombas e os cambistas sentados. Tendo feito um chicote de cordas, expulsou todos do Templo, com as ovelhas e com os bois; lançou ao chão o dinheiro dos cambistas e derrubou as mesas e disse aos que vendiam pombas: 'Tirai tudo isto daqui; não façais da casa do meu Pai uma casa de comércio'" (João 2.14-16).

É nítida e inconfundível, na pessoa de Jesus, a unidade da luta e da contemplação, da doçura e do protesto, da serenidade e do gesto claro, da palavra redentora e do ato redentor. Sobretudo é claro que o afã sagrado não leva necessariamente à precipitação, ao desamor e à indiferença, que trazem consigo novas injustiças.

Contra a covardia

Nossa época não sofre apenas com o excesso de violência; sofre igualmente com a falta de protesto contra a violência e as relações violentas. Em toda parte a violência encontra o caminho livre, e a ela não se opõe nenhuma coragem cívica. E certos contemporâneos dóceis e obedientes, que preferem fechar os olhos à violência, revelam-se meros covardes. No entanto, a covardia nada tem que ver com a não-violência. Mahatma Gandhi escreveu em 1924:

"Minha não-violência não admite que eu fuja do perigo, deixando desprotegidos aqueles a quem ela ama. Quando é preciso escolher entre o uso da violência e a fuga covarde, é preferível usar a violência [...] A não-violência é o cúmulo da coragem [...] Eu só comecei a estimá-la quando me livrei da covardia. Os hindus, que fugiram do dever porque nele havia perigo, não o fizeram por se opor à violência ou por não querer contra-atacar, e sim porque temiam morrer ou ser feridos."[4]

Gandhi, o grande campeão da paz, o adepto ardoroso da visão de mundo *bhagavadgita*, não deixou de ser um lutador, consciente que era de que a paz e a justiça não nascem da pusilanimidade. Essa atitude profunda e também cristã opõe-se frontalmente à injustiça e não foge dela sob o pretexto da mansidão. Baseia-se na consciência de que pode chegar o momento em que será tarde demais; tarde demais para fazer face à violência crua, bruta e impulsiva; tarde demais porque, nos homens e nos grupos humanos, estarão de tal modo arraigadas as doutrinas ancoradas na violência que as palavras hão de fracassar miseravelmente e a tolerância significará carregar-se de culpa.

A situação a que se refere Gandhi, falando na escolha decisiva entre a pusilanimidade e o recurso à violência, não é senão a da legítima defesa. Como ficou dito acima, esta pode reclamar para si o *status* de direito natural — e tanto na defesa da própria vida ou da de outrem, quanto na defesa dos ideais superiores e intemporais de justiça. Com efeito, quando se trata da legítima defesa ligada à contraviolência ou à defesa da vida, não cabe de modo algum delegar a decisão e a ação. A escala é sempre a vida de cada um, com risco e responsabilidade próprios. Toda situação exige uma nova avaliação e uma nova decisão. Mas o importante é que a violência, mesmo quando praticada em nome da mais nobre atitude, não deixa de ser um mal; do mesmo modo, a violência como meio contradiz profundamente a paz como fim, pois gera vítimas. Por isso não se pode depositar nenhuma esperança fundamental na violência — por mais que a situação o justifique — para pôr fim à violência. Tampouco o sucesso da contraviolência jamais pode ser motivo de alegria, pois toda vítima desperta compaixão. Lao-Tsé referiu-se a isso com as seguintes palavras:

"As armas são ferramentas de mau presságio. Não são as ferramentas dos sensatos e só se usam quando não há outra escolha. O coração ama a paz e o sossego, e a vitória não é motivo de alegria. Quem se alegra com a vitória teve prazer em matar [...] Quando muitos homens morrem, devem ser chorados e lamentados. Por isso, a vitória deve ser encarada como um enterro" (*Tao Te King*, 31).

A legítima defesa exclui a represália

Quem se dispõe a recorrer à ação violenta para impedir uma injustiça ou um mal maior deve aprender a ver as coisas na perspectiva da vítima e do adversário. Só o ponto de vista alheio é capaz de me mostrar se meus motivos são autênticos e verdadeiros. A perspectiva do adversário presta a importante contribuição de me impedir de desprezar o outro ou privá-lo de dignidade; possivelmente, oferece-me a opção de renunciar à violência. Pela perspectiva do outro, eu sou enfim conduzido, mesmo em caso de conflito, à consciência da unidade da vida; da unicidade de todo fazer e de todo deixar de fazer; da estranha conexão da totalidade dos acontecimentos, da referência transcendente. Estando presente esse horizonte, reduz-se o perigo de agir e reagir movido unicamente pela emoção; reduzem-se as chances de o horror do presente anular a responsabilidade pelo futuro mediante uma reação desmedida.

Ao fazer uso da violência, nenhum ser humano pode ser declarado inocente do efeito final da decisão e da responsabilidade puramente pessoais, tampouco os policiais ou os militares, que representam ou se servem do chamado monopólio da violência do Estado. Conquanto no atual estágio de desenvolvimento da humanidade seja impensável a convivência civilizada das sociedades, dos povos, dos Estados e das culturas sem instituições policiais e, portanto, sem a violência legalizada, nenhum Estado tem o direito de questionar a competência superior da consciência pessoal, inclusive a dos representantes do poder. Para que não haja mal-entendido: reconhecer a polícia e as Forças Armadas como males necessários em épocas de desagregação não significa reconhecer a repressão, a opressão nem a agressão estatal. Pelo contrário. Só uma coisa legitima a polícia e as Forças Armadas: impedir a violência e afirmar os direitos humanos. Isso exclui o uso de armas ofensivas; isso proíbe o desenvolvimento, a produção e o uso de armas de extermínio em massa e de instrumentos de tortura; isso define toda e qualquer unidade policial ou militar como unidade da paz. Mas a guerra, sejam quais forem os seus motivos e justificativas, nunca é justificável, ela sempre fere todas as partes envolvidas e a raça humana como um todo.

Qualquer ação destinada a impedir um mal maior pressupõe não só o uso de meios moral e eticamente corretos, como também se limita, enquanto direito natural, ao cerceamento e à limitação da violência e à legítima defesa. Todavia nesse direito não se inclui o de represália. A justiça e a vingança repelem-se mutuamente. As conseqüências de um ato injusto não se anulam com a vingança; pelo contrário, a vingança, que deve ser encarada como a violência pela violência, só faz reforçar a situação de injustiça. Ninguém conhece a verdade absoluta. Nem sempre se sabe quem é o doente e quem é o terapeuta. Mas nós vislumbramos que todo ato deixa marcas no mundo espiritual e, assim, tem efeitos e conseqüência para o próprio autor — cedo ou tarde, e numa medida temporal diferente da que a raiva e a indignação nos impõem. Em todo caso, isso é difícil de entender e aceitar sem referência a uma realidade transcendental.

3. Água mole em pedra dura

"Esta é a hora do mal, em que os bons não vêem senão o mal no mundo e se desesperam."
Theodor Haecker, 1941

O direito de legítima defesa e resistência é excepcional. Como tal, faz parte naturalmente do processo evolucionário do mundo, à medida que a diversidade do desenvolvimento mundial sempre admite a possibilidade do advento do mal. A liberdade os compreende a ambos e traz em si a probabilidade do erro e do fracasso: erro com relação à proporção da contraviolência; fracasso no que se refere à finalidade última da contraviolência, que é o restabelecimento da paz e da justiça.

Como dissemos acima, eu não pretendo contestar o direito ou o dever de resistência. Mesmo assim, essa discussão não está encerrada. Pois também cabe constatar: a violência destrutiva do homem faz parte do potencial de declínio. Na escala das possibilidades de desenvolvimento e comportamento humanos — em termos evolucionários — ela está no nível mais baixo. Essa avaliação também se aplica à paz, que é a paz violenta, porque se alicerça em relações de poder e domínio. A mudança e, com ela, o desenvolvimento começam onde termina a luta pelo poder. Só a renúncia às pretensões de poder e só a não-violência conseqüente podem alterar este mundo a longo prazo. Essa convicção vem ao encontro do conhecimento de que as relações de poder — a violência e a miséria — não são um destino. E, ao longo do tempo, também em face do mal, as lamentações e os surtos de contraviolência ajudam menos que o empenho em compreender e transformar.

Se quisermos evoluir rumo a um futuro de disposição para a paz, os meios e os fins devem coincidir; aquele que luta pela paz precisa ser ele mesmo a paz — por convicção interior e pelo bem dos outros homens.

> "O duro e o rígido são companheiros da morte.
> O delicado e o fraco são companheiros da vida.
> O exército forte jamais vencerá.
> A árvore forte será abatida.
> Os fortes e poderosos malograrão.
> O delicado e o fraco triunfarão."
> (*Tao te King*, 76)

O delicado e o fraco vencerão no final, pois é isso que mantém a vida nas menores coisas e, depois de cada destruição, permite que ela germine outra vez. E, assim, no decorrer do tempo, também a violência e o mau se destroem como resultado de sua hostilidade à vida, que acaba se voltando contra eles.

Acaso um horizonte pessoal de vida assim elevado pode servir de consolo e modelo? Pode unicamente se os homens souberem que estão unidos a todo o futuro e a toda a vida, se aprenderem a perceber e agir de modo transpessoal, e se entenderem que é precisamente disso que depende todo o futuro que tenha ultrapassado a fase evolucionária da violência destrutiva.

III. A Renúncia à Violência: Tradições, Caminhos, Estratégias

൦൦

Por mais marcada que esteja pelo uso da violência, a história da humanidade também mostra reiterados sinais e vestígios do oposto, da não-violência consciente, voluntária e dedicada, ou seja, da renúncia à violência. Tais vestígios se encontram em todas as culturas superiores, ora pouco, ora muito disseminados, embora raramente sejam dominantes durante muito tempo. Contudo, as exceções mostram claramente que a paz e a renúncia à violência são possíveis e alcançáveis como bens culturais essenciais. A história dos indianos hopis tem cerca de vinte mil anos. Eles nunca guerrearam. Os australianos, os tasmanianos, os ainos, os xerpa e os bosquímanos, os samen, os sindis e os rom também são conhecidos como povos ou etnias que nunca praticaram a guerra.[1] Ainda que esse comportamento proceda de diferentes fundamentos culturais, uma coisa se pode constatar de forma abrangente: só um povo internamente pacífico manifesta índole pacífica em sua relação com os outros; só os que contam com um equilíbrio estável de valores são capazes de uma renúncia duradoura à violência. E assim como o homem que está em paz consigo mesmo pode semear a paz ao seu redor, só os povos — ou seus representantes — que têm essa característica básica são capazes disso.

Mais disseminadas que a renúncia à violência voltada para o exterior, de tribos e povos inteiros, são as concepções e as bases de âmbito multinacional e intercultural da não-violência existentes em todo o planeta. Sobretudo as religiões mundiais guardam o tesouro da não-violência no âmago de suas doutrinas, ora muito bem escondido, ora como ostensiva característica essencial. Ao lado do amor e da veracidade, a não-violência que extrapola as religiões pode ser encarada como critério central de uma vida dedicada ao divino. A partir dela, é possível que se cesse de proclamar a violência em nome da divindade.

Sobretudo nas tradições místicas das religiões, apresenta-se a unidade essencial do anseio e da busca da paz, assim como da busca da experiência de Deus. Nada mais infinitamente distante do verdadeiro místico, seja da tradição que for, do que a relação destrutiva e violenta com o mundo, incompatível com o esforço pela unificação.

Nas variantes da religiosidade popular das diferentes tradições, verificaram-se e se verificam com muita freqüência interferências e alterações da mensagem de paz; mas também com muita freqüência os textos e as idéias básicos acautelam contra a instrumentalização do divino.

Por isso a Bíblia hebraica diz que o servo de Deus "não quebrará a cana esmagada e não apagará a chama bruxuleante" (Isaías 42.3). Do mesmo modo, Isaías revela: "E quebrarão as suas espadas, transformando-as em relhas, e as suas lanças, a fim de fazerem podadeiras. Uma nação não levantará a espada contra a outra, e nem se aprenderá mais a fazer guerra" (2.4).

Independentemente da banalização e da despolitização posteriores, a mensagem e a vida de Jesus pregam a não-violência.

"Os reis das nações as dominam, e os que as tiranizam são chamados Benfeitores. Quanto a vós, não deverá ser assim; pelo contrário, o maior dentre vós torne-se como o mais jovem, e o que governa como aquele que serve" (Lucas 22.25-26).

E é inequívoca a mensagem de paz nas Bem-aventuranças:

"Bem-aventurados os mansos, porque herdarão a terra. Bem-aventurados os que têm fome e sede de justiça, porque serão saciados [...] Bem-aventurados os que promovem a paz, porque serão chamados filhos de Deus" (Mateus 5.5ss).

Muitas igrejas cristãs, como a menonita, a quacre e a Igreja dos Irmãos erigiram sobre esse fundamento toda a sua orientação de fé e de vida. Também grupos como o valdense, a ordem de São Francisco de Assis e os batistas participam dessa tradição conhecida como da igreja da paz. Segundo eles, Cristo é aquele que se dedica inteiramente à promoção da paz, e toda violência, toda luta pelo poder, toda guerra contradizem o espírito e a doutrina de Jesus.

A promoção e a manutenção da paz também impregna a essência do islamismo, independentemente dos excessos bélicos hoje praticados em seu nome. Porém mais fortemente que nas outras religiões a paz está ligada à justiça, e sua violação é severamente punida. Sobretudo encontramos no islamismo tradições isoladas claramente contrárias à violência, ainda que não exista nenhuma expressão tradicional equivalente a "não-violência". Assim, um grupo daroês do Paquistão professa-se livre da violência, a ordem islâmica mística do "Tidshania" enfatiza a sua missão de promover a paz, e sobretudo os "Servos de Deus" (Khudai Khidmatgar), organizados em 1929 por Abdul Ghaffar Khan, que atuaram como movimento de libertação no noroeste da Índia britânica, ficaram conhecidos pela não-violência. Tratava-se de um princípio vital que eles cimentavam com o voto.[2]

O hinduísmo já traz no próprio nome a orientação para a não-violência. *Hin* significa violência (*hinsa*), *du*, longe (*dura*). Portanto o hindu deve ser uma pessoa que guarda distância da violência.

E o budismo? Talvez seja esta a grande religião que mais nitidamente se destaca na atitude de renúncia à violência, pois em seu nome nunca se empreenderam guerras de agressão; nela também é claríssima a relação de dependência entre a paz interior — mediante o desenvolvimento da consciência e da atenção — e a exterior.

A não-violência, como estratégia política de âmbito mundial cada vez mais rica de significado e sem apoio principal em fundamentos religiosos, só surgiu no século XX. Nesse aspecto, nossa época de grandes guerras e inconcebível horror revela-se também a do aumento da consciência e da ação dela conseqüente. No campo de influência de representantes políticos isolados, inclusive, impõe-se a certeza de que existem emaranhados de tragédia — global, interestatal, intestina, étnica, inter-humana — que só podem ser desenredados mediante a renúncia duradoura e conseqüente ao uso de meios violentos e repressivos. Sem a abdicação da violência — coisa que se aprende repetida e dolorosamente —, não se cria espaço nem clima para a solução verdadeira dos conflitos e a adequada ação mútua de reconciliação.

Sem a abdicação da violência, colidem todos os argumentos políticos com a muralha dos novos sofrimentos. Sem a abdicação da violência, não há oportunidade de experimentar, aumentar e desdobrar os processos e estruturas político-culturais adequados à paz e à justiça.

Ademais, a renúncia à violência, como estratégia de solução de conflitos, mostrou-se de diversas maneiras politicamente vantajosa e superior às estratégias violentas. E não provoca nenhuma destruição material e infra-estrutural de custos altíssimos. A longo prazo, debilita moral e financeiramente a capacidade de violência da parte contrária. Na atualidade, quando os meios de comunicação praticamente nada deixam furtar-se ao olhar da opinião pública mundial, aumentam muito o significado da moral e a necessidade inescapável e permanente de justificar a violência. A longo prazo, *nenhum* sistema resiste a tanta pressão. Exemplos disso são a luta de libertação dos indianos com Gandhi, dos negros da África do Sul com Mandela e dos operários poloneses com Walesa. Por fim, a superação pacífica dos conflitos ou dos sistemas projeta uma luz favorável sobre todo recomeço, como constatou a pesquisa da paz e do conflito:

"Os grupos que se habituam ao uso da violência na solução dos conflitos, assim como a estruturas militares de comando, e são bem-sucedidos no uso desses recursos tendem a conservá-los depois da conquista do poder [...] Como a história mostra, as revoluções quase sempre se limitam a trocar os donos do poder, ao passo que este continua sendo basicamente o mesmo. Já os métodos pacíficos de luta, pelo contrário, inclinam-se a assegurar o caráter democrático do movimento e, assim, previsivelmente, a nova ordem social."[3]

Diante desses argumentos, recomenda-se a estratégia da renúncia à violência como superação racional dos conflitos e instrumento eficaz de transformação e direção políticas.

O internacionalmente célebre pesquisador da paz Johan Galtung estabeleceu uma diferença entre não-violência negativa e não-violência positiva. Ele caracterizou como negativa aquela que se limita a levar a parte contrária a desviar-se ou abster-se de uma ação indesejável. Chamou de positiva a que, além disso, ajuda a alcançar uma meta e leva o adversário a agir conforme o objetivo do agrupamento pacífico.[4] Essa importante diferença indica não só que, sem perspectivas e objetivos a alcançar, a renúncia à violência pode cair no vazio; implicitamente, também nega o predicado "pacífico" às formas de política de superação das crises internacionais que simplesmente se abstêm de usar métodos militares e/ou repressivos, uma vez que os diferentes interesses das partes ou Estados que se declaram competentes para solucionar o conflito impedem um procedimento unificado, claro e coordenado. Em todo caso, a renúncia negativa ao uso da violência serve ao menos para tolher o comportamento considerado indesejável — via de regra no que se refere à violação dos direitos humanos e dos povos. A hesitação, a inação e a inércia nada têm que ver com a não-violência no sentido aqui explicado.

A não-violência é uma estratégia abrangente. Potencialmente, ela engloba toda forma e toda qualidade de conflito e oposição e se abre para todas as partes envolvidas: adversários e intermediários. Para ela, nunca é cedo nem tarde demais. Só ela, pressentindo o conflito, consegue adiantar-se e apaziguar, antes que se desencadeie a violência; só ela, em meio à fúria das disputas, consegue estender pontes sobre os abismos do ódio, da agressão, do medo e da impotência; só ela consegue atar os primeiros e tênues laços de reaproximação entre vítimas e agressores, entre humilhados e "vencedores", entre os feridos de todos os lados. Mas a não-violência também tem lá as suas exigências e o seu preço. Barata ela nunca é.

Só o valente pode renunciar à violência, pois ele não porta armas que lhe dêem "segurança" e não pode evitar os becos sem saída apelando para a violência. Só o sincero e verdadeiro consegue agir pacificamente, pois é no furtar-se e/ou no calar e/ou no negar que brotam as sementes da nova injustiça e da nova violência. Só o justo é capaz da não-violência, pois não visa a vantagens próprias nem a de nenhuma das partes interessadas, que fixa as antigas injustiças e gera novas. Só quem tem autocrítica pode abrir mão da violência, pois não perde de vista os vestígios de sua possível fração de culpa, parcialidade ou envolvimento. Enfim o destemor, a sinceridade, a verdade, a justiça e a autocrítica constituem o fundamento da ação conciliadora bem-sucedida.

Quando se fala em não-violência, por mais que o grande conflito entre Estados ou entre grupos rivais dentro de um Estado ocupe o centro das atenções, é preciso ressaltar uma vez mais que o que se disse até aqui vale para os conflitos e as disputas entre as pessoas. Pouco importa que a causa do conflito se situe na área política, na social, na étnica ou na psíquica.

1. Os critérios fundamentais da atitude pacífica

A solução primeira dos conflitos consiste em impedir-lhes a escalada detectando a tempo os potenciais de conflito e os antídotos correspondentes. Assim sendo, fazem parte das estratégias da política e da ação pacíficas o desenvolvimento e o aprimoramento contínuos de "sistemas de alarme", de sensores da hostilidade política, social e étnica. Com efeito, a história mostra que as crises e as rivalidades agudas, quando eclodem, já são há muito tempo perceptíveis e previsíveis. E as estruturas de injustiça oriundas do poder, do domínio e dos privilégios de pessoas isoladas ou de grupos só raramente se solucionam exclusivamente por conta de sua identificação e explicitação. Aqui entra o que se denomina resistência pacífica, ação não violenta e desobediência civil. Graças a Mahatma Gandhi, esses conceitos se disseminaram por todo o mundo. Ele mesmo deu à luta pacífica o nome de *satyagraha*.[5] A ampla variedade de formas de *satyagraha* vai da greve ao jejum, passando pelas passeatas e o boicote.[6] No entanto, isso deve nos ocupar menos que as normas e critérios da não-violência, desde a resistência até o ato de reconciliação.

A referência à coragem, à sinceridade, ao compromisso com a verdade, à justiça e à disposição à autocrítica já deixa claro que a não-violência não é um método, mas acima de tudo uma atitude de vida. Resulta, por um lado, de uma idéia central, espiritualmente superior, sintonizada com a comunidade e, por outro, da busca interior, do trabalho com o caráter e a personalidade, do crescimento íntimo. Nessa medida, a estratégia da ação pacífica jamais pode ser vista separadamente da pessoa que empreende essa ação. O direito e a autenticidade da não-violência só se realizam na coincidência da meta com a ação e a pessoa. É com esse pano de fundo que se devem ver e avaliar todas as normas e critérios.

— Toda ação pacífica está a serviço da busca e da realização da verdade, da paz e da justiça. Isso exclui o distanciamento neutro, ou limita-o, no caso dos intermediários nos conflitos e na conciliação das disputas.

— A ação pacífica bem-sucedida só é possível por parte daquele que compreende o adversário ou os motivos do conflito — e/ou as estruturas da injustiça. Isso torna indispensável colocar-se no outro lado para compreender, para sentir. Assim o adversário recebe o respeito que como ser humano merece; assim torna-se possível avaliar como ele reage ao meu comportamento; assim surge no conflito e por meio dele a oportunidade do encontro. O conflito resulta positivo, trazendo em seu bojo, mediante o encontro, a possibilidade do novo.

— A ação pacífica estabelece grandes metas; ao mesmo tempo — ou justamente por isso —, nela transparece a cultura da renúncia. Renúncia às vantagens materiais ou de *status* por meio do conflito, renúncia ao apego a privilégios capazes de pressionar o outro, renúncia à pretensão da verdade e da infalibilidade. Estar sujeito a errar, ter o direito de errar e reconhecê-lo abertamente: assim crescem as bases do entendimento.

— A não-violência vive da franqueza. Nada tem a ocultar. Pelo contrário. Só a franqueza exterioriza a unidade do caminho e da meta, a identidade da reivindicação com o modo de proceder. Enfim, boa parte da força da não-violência reside nos sinais que apontam para o motivo da ação; mas esses sinais precisam ser claramente visíveis e identificáveis. Não se deve questionar a franqueza porque ela se torna atacável e vulnerável.

— O mal e aquele que o pratica não se confundem. A luta do pacifista opõe-se mais à situação que às pessoas, mais ao portador do *status* e do papel que ao homem que está por trás dele. Sem essa diferenciação, é impossível superar a separação. Ela leva sempre em conta que, em geral, por trás de toda injustiça e de toda situação precária encontra-se menos a maldade pessoal que a ignorância, a irreflexão e outras circunstâncias equivalentes. Embora isso não possa resultar na absolvição de nenhuma culpa, pelo menos preserva a oportunidade de encontro do homem com o homem, a oportunidade de conhecer e mudar. Faz parte dessa atitude não rebaixar moralmente o outro, não humilhá-lo e não tirar proveito de suas fraquezas. O pacifista, com toda a resistência que opõe e toda a crítica que faz, não destrói o amor próprio do oponente, pelo contrário, dá-lhe oportunidade de se reconstruir. Afinal de contas, todos precisam de reconhecimento e confirmação como ser humano. Se isso deixar de existir, a não-violência não só será inútil como deixará de apontar para um objetivo, um caminho e uma identidade: produzirá novas vítimas, abrirá novas feridas.

— Fazem parte essencial da não-violência e do respeito pelo oponente a comunicação pacífica, não ofensiva, e a capacidade de ouvir e compreen-

der ativamente. Apenas o mencionamos aqui; no próximo capítulo, vamos nos ocupar disso mais extensamente, assim como da arte da tolerância e da paciência.
— Enfim, o pacifista não desiste e não foge na capitulação, na resignação e na apatia. A luta pela paz, pelo direito e pela justiça muitas vezes se apresenta como tarefa de gerações. Nem sempre o sucesso é previsível. Muito mais decisiva é a perseverança, é a continuidade da ação pacífica.

2. Modelos

A não-violência e o pacifismo — conceitos aqui empregados conscientemente com o mesmo significado — representam mais que a renúncia à violência. Já são a própria concretização do novo pelo qual se luta. Só isso os torna, junto de sua bagagem de valores e de suas metas, uma ação criadora positiva.[7] Na história recente, um sem-número de mulheres e homens vem trilhando esse caminho em diversos pontos da Terra. Orientam-nos e os estimulam pessoas que se destacaram no século XX ligando-se indissoluvelmente ao princípio da não-violência.

Mahatma Gandhi (1869-1948), a "Grande Alma", não só levou a Índia à independência, não só demoliu sem violência o poder e a arrogância da potência colonial, como também conseguiu transformar a impotência em vigor; diante da repressão do adversário, converteu a fraqueza em força, e as vítimas, em criadores do novo. Embora hinduísta, foi um seguidor de Cristo, um praticante do Sermão da Montanha. Sua herança em palavras, escritos, atos e sacrifício resume em si o manifesto de uma transformação da humanidade, não só política, não só social, não só ecológica, mas também espiritual.

"Não nos daremos por satisfeitos enquanto a justiça não jorrar como a água e a honra não for um forte caudal." *Martin Luther King* (1929-1968) fez dessa frase o lema de sua vida. O pastor negro que, assassinado em 1968, se transformou na figura simbólica do movimento norte-americano pelos direitos civis, mergulhou totalmente na tradição de Gandhi e abraçou seus métodos de luta pacífica. Ele sempre insistiu em que a liberdade também significa estar livre do ódio. Nenhum ser humano deve se rebaixar a ponto de odiar o outro. A transformação da sociedade começa pela transformação de cada ser humano, de cada indivíduo. A luta é contra o mal, não contra as pessoas que o praticam.⁸ O programa rigorosamente pacífico de King avançou e cresceu. As orações e as canções, mas também uma conseqüência inabalável e, de certo modo, uma força espiritual socrática venceram o terror das incursões policiais contra os negros.

A partir de agosto de 1976, a pacifista irlandesa *Betty Williams*, juntamente com *Mairead Corrigan*, organizou manifestações pela paz, sobretudo de mulheres católicas e protestantes, criando um amplo movimento (a "Community of Peace People") para acabar com a guerra civil na Irlanda do Norte; em 1977, ambas receberam o Prêmio Nobel da Paz de 1976.

A guatemalteca *Rigoberta Menchu*, da tribo quiché, foi vítima da ditadura e, desde 1983, é funcionária e assessora das Nações Unidas pelos direitos das populações indígenas. Em 1992, foi laureada com o Prêmio Nobel da Paz.

Em Buenos Aires, a partir do último ano do regime militar, as *Mães da Plaza de Mayo* passaram a se manifestar toda tarde de quinta-feira para descobrir o destino de seus filhos "desaparecidos" e pela punição dos responsáveis por esses seqüestros. Sua presença pacífica na praça mostra o que significa "adotar uma atitude" de não-violência.

Em maio de 1994, *Nelson Mandela* foi eleito presidente da África do Sul. Vinha de sobreviver a 27 anos no cárcere do regime do *apartheid*. Contudo, seu apelo à construção da nova África do Sul não foi de vingança nem de retaliação, mas de reconciliação. A mudança do poder, no antigo Estado-modelo do racismo, não se fez acompanhar de nenhum banho de sangue. Não se criou um tribunal especial ou de exceção, mas a atualmente já lendária "Comissão da Verdade e da Conciliação". Mandela e seus companheiros, entre os quais figura o ex-arcebispo anglicano e Prêmio Nobel da Paz Desmond Tutu, enfatizaram não o pecado dos algozes, mas o perdão das vítimas e a restauração de sua dignidade de seres humanos e cidadãos.⁹ Talvez o sinal histórico único introduzido pelo exemplo pessoal de Nelson Mandela, na África do Sul, só venha a ser devidamente avaliado pelas gerações vindouras. Embora não se possa excluir a possibilidade de um contragolpe do ódio e do poder de retaliação, o exemplo há de permanecer inabalável ao longo do tempo. Também nessa grande escala, a reconciliação se comprova possível.

Mahatma Gandhi, Martin Luther King, Nelson Mandela, Betty Williams e Mairead Corrigan, Rigoberta Menchu e muitas outras pessoas anônimas brilham como estrelas no céu da não-violência e da disposição para a paz. Sempre se irradiam os inumeráveis pontos de luz de homens e mulheres isolados, grupos, movimentos e organizações maiores. Todos eles unem o anseio da paz ao empenho pessoal em lutar por ela sem violência e com o compromisso de toda a personalidade. A coragem dessas mulheres e desses homens é muito maior que a valentia dos violentos. Pois aqueles não contam com nenhum escudo protetor externo e vivem no perigo permanente da vulnerabilidade. Mas não é só a vulnerabilidade que acompanha essa coragem: ela está inseparavelmente unida a outras duas virtudes que, de acordo com Tomás de Aquino, devem ser consideradas capitais: a inteligência e a justiça. Josef Pieper observa: "Sem a inteligência e a justiça não existe coragem; só o inteligente e o justo pode ser também corajoso [...] Não é o empenhar-se em alguma coisa que constitui a essência da coragem, e sim uma única abnegação, a da razão, e isso significa: a que corresponde à verdadeira essência e ao verdadeiro valor da coisa real [...] Corajoso é aquele que não abre mão dos bens maiores e mais autênticos por medo do mal recente e do passado [...] Enfim, o verdadeiro corajoso é aquele que realiza o bem enfrentando o temível e o ferimento."[10]

O vínculo entre a renúncia à violência, a justiça, a inteligência e a coragem mostra o seu significado profundo à medida que, para servir à paz, não basta o ativismo oriundo do mal-estar e da revolta. Justamente a hoje predominante hipercomplexidade das relações políticas e sociais, nacionais e internacionais exige da política e da ação pacifistas um ponderado consenso e uma sincronização perfeita de medidas a curto, médio e longo prazos, e isso sempre significa que a análise de sistema/pesquisa da paz, a educação para a paz, a militância pela paz, a ação pacifista e a política da paz são inseparáveis,[11] assim como a contribuição do carisma e do talento dos mais diferentes seres humanos engajados.

3. Porém, a verdadeira paz é mais do que isso

A tradição pacifista indica, particularmente nos últimos cem anos de violência e violação dos direitos humanos, o sentido em que a humanidade pode se desenvolver se quiser. Nela brota uma vaga noção daquilo que denominamos paz. Ela pressupõe condições de existência dignas do ser humano e capazes de garantir a dignidade. E é impensável sem o respeito aos direitos humanos. Refere-se a condições tanto políticas quanto sociais e econômicas. Ao mesmo tempo, significa muito mais do que isso.

A paz começa no coração de cada ser humano, começa como paz interior, como paz consigo mesmo. Sem unidade com aquilo que entendemos por divindade, é impossível conservar essa situação duradouramente.

A paz interior prossegue na forma de um amor por tudo quanto é vivo. No passado, as estratégias de não-violência iam predominantemente dos homens para os homens, insistiam na habitual auto-referência e auto-absolutização da espécie humana. Ora, sem a paz com a natureza, sem a reconciliação com os vegetais e os animais, sem o respeito por um direito abrangente à vida, os homens não podem conviver pacificamente entre si.

A paz se converterá numa palavra vazia se os homens simplesmente concordarem em manter um relacionamento pacífico entre si e, ao mesmo tempo, continuarem a tratar a Terra e as mais diversas formas de vida nela existentes como um mero objeto de exploração e uso. Essa paz não deixará de ser uma palavra vazia, por um lado, porque será apenas parcial e, por outro, porque a hostilidade para com a vida não humana cedo ou tarde terá conseqüências destrutivas sobre as relações humanas.

A paz, para a qual devemos e podemos amadurecer no terceiro milênio, tem o nome de "Espírito de Não-violência, Espírito de Amor". E não exclui nada, pois está sob a égide da unidade de todos os seres.

IV. A Unidade: Viver no Espírito de Não-violência e de Salvação

~~~

1. Sobre a essência da não-violência

Sem dúvida, nas religiões e culturas abraâmicas, transparece a relação universal entre a vida, o ser e a unidade. No entanto, essa universalidade está sempre alinhada ao homem, que se apresenta como o objetivo e o centro da Criação. Por mais que se louve e se cante a beleza da vida não-humana, em última instância o seu valor não reside nela mesma, e sim em sua utilidade para o homem. Em certas religiões primitivas e nas orientais, deparamos com uma dilatação de perspectivas. No budismo, *karuna* significa a sensibilidade abrangente e solidária com todas as criaturas; no taoísmo, *wu — wei* é o agir e o não agir em sintonia com a natureza.[1] O *ahimsa* hinduísta refere-se exclusivamente à atitude de não-violência para com todos os seres vivos. A palavra sanscrítica *ahimsa*, que encontramos em todos os idiomas sul-asiáticos e que também passou a ser uma integrante central do budismo e do jainismo, pode ser literalmente traduzida por não agredir, não matar, não prejudicar. Nenhum ser vivo deve sofrer em decorrência de um ato consciente e intencional do homem; pelo contrário, nós devemos ter amor por todas as formas de vida. Mahatma Gandhi: "*Ahimsa* é um princípio abrangente. Nós somos uns desamparados mortais, prisioneiros do estigma do *himsa* (violência). A frase 'A vida vive da vida' tem um significado mais profundo. O homem não consegue viver um só instante sem praticar, consciente ou inconscientemente, o *himsa* no exterior. O mero fato de viver — comer, beber, deslocar-se — está ligado a um determinado *himsa*, à destruição da vida, por mais insignificante que ela seja. O adepto do *ahimsa* conserva-se fiel à sua convicção quando a força propulsora de todos os seus atos é a compaixão, quando ele impede, na medida do possível, o aniquilamento da menor das criaturas [...] Ele crescerá constantemente em autodomínio e compaixão."[2]

O *ahimsa*, que daqui por diante passarei a traduzir por *não-violência*, já não conhece fronteiras. O amor pela vida e por todas as criaturas vivas não se limita ao ser humano. Todo ser vivo é uma criatura como nós. A não-violência a tudo se refere e tudo abarca. Enraíza-se no espírito, na sensibilidade, no agir e não agir na onipresença do divino. À atitude de não-violência segue-se uma vida de cuidado: cuidado com a palavra (*w*ord), cuidado com a ação (*a*ction), cuidado com o pensar (*t*hinking), cuidado com o caráter (*c*haracter), cuidado com o sentimento e o coração (*h*eart): WATCH![3]*

A atitude e a visão de mundo da não-violência, como postura em face da unidade da vida, reflete-se sobre aquele que a pratica. Ele encontra a si mesmo nas outras criaturas, encontra-se em toda parte em que um ser vivo deparar com o seu "tu". O monge zen Thich Nhat Hanh fala em *interbeing*, o vínculo de troca e dependência mútua de todos os seres vivos e inclusive de todos os "seres não-vivos", como os elementos e os minerais, que afinal fazem parte dos processos de vida e os viabilizam.[4] Ali onde o Uno em tudo se incorpora e exprime vale o *Tat twam asi*, ou seja, o Absoluto está em ti (e em tudo quanto vive). Qualquer agressão intencional atinge o Absoluto, atinge a própria vida enfim e, desse modo, atinge a mim.

Para os que têm o conhecimento e a percepção holística da coesão do mundo, no espírito de não-violência, surgem algumas dissociações, particularmente no que tange à vida valiosa e à vida sem valia. Tudo tem o seu lugar, o seu significado e o seu valor no espaço vital da Terra e do cosmo. O espírito de não-violência afasta-se do divórcio e do distanciamento rumo ao *shalom* abrangente, rumo à paz como unidade e harmonia. Vale,

---

* *Watch*, em inglês, significa cuidado, atenção. N. do T.

pois, para a natureza aquilo que, até agora, quando muito valeu para a ética inter-humana: a responsabilidade, o cuidado, o respeito, a justiça e a atenção. No lugar de "[...] para o bem do homem" entra o "[...] para o bem do todo". Assim compreendida, a violência mesmo contra o mais insignificante dos seres vivos volta-se sempre contra o todo. É verdadeiro para além do homem o ditado bíblico do Livro dos Provérbios: "Oprimir o fraco é ultrajar seu Criador" (14.31).

O espírito de não-violência exprime o respeito por toda forma de vida e a admiração pelos grandes e maravilhosos segredos da vida. Segundo Johann Wolfgang von Goethe (1749-1822), o ser humano precisa ter respeito por três coisas: pelo que está acima dele, pelo que está abaixo dele e pelo que está ao seu lado.[5] Isso exprime de maneira resumida e bela o que Albert Schweitzer, em 1915, formulou pela primeira vez como "Respeito pela Vida"; uma concepção ética que seu espírito vislumbrou, na época de sua estada em Lambarene, durante uma viagem de barco.

"Nós nos arrastávamos lentamente rio acima, roçando a duras penas os bancos de areia — era a estação da seca. Distraído, fiquei sentado no convés do rebocador, às voltas com os conceitos elementares e universais da ética que em nenhuma filosofia eu havia encontrado [...] No entardecer do terceiro dia, quando passamos por uma manada de hipopótamos ao pôr-do-sol, veio-me de súbito o que eu não mencionara nem procurara, a expressão 'Respeito pela Vida'."[6]

No centro dessa ética de vida está a frase: "Eu sou a vida, a vida quer; estou em meio à vida, a vida quer."

O homem que se tornou consciente vive o impulso interior de encarar toda vontade de viver com a mesma reverência com que encara sua própria vida. Schweitzer expressa, em nome da cultura ocidental, aquilo que, em outros povos, é uma herança transmitida de geração em geração. É o que diz o sétimo dos dez mandamentos dos índios *cheyennes*: "Respeitai a Terra e todos os seres vivos."[7]

No respeito pela vida e no espírito de não-violência, o amor pela vida experimenta sua ampliação universal. A vida por si só passa a ser sagrada, tal como o exprimiu o cacique Dan George:

"O homem deve amar toda a Criação — ou não será nada na vida."[8]

O respeito pela vida apoiado na não-violência debilita a mentalidade puramente utilitária na orientação do ser humano. Não é a utilidade, e sim a unicidade e a finalidade absoluta que definem o juízo principal e o significado de um ser vivo. Assim, merece respeito o fato de que toda existência tem o seu segredo e o seu mistério. O que vale para o conjunto da vida no planeta Terra, isto é, ser o resultado de um incrível e inconcebivelmente estranho processo de milhões de anos, vale igualmente para cada forma de vida e para cada ser vivo. Pois todos eles portam a poeira cósmica dos mais remotos anos originais, cada qual formado de maneira altamente singular e única. Que acontecimento incrível, que processo extraordinário! E de quanta culpa nós nos sobrecarregamos pela extinção de espécies inteiras, pelo aniquilamento de tantos ramos da Árvore da Vida. Que crime estaremos cometendo se a Terra for, de fato, o único planeta vivo e gerador de vida no universo próximo.

O espírito de não-violência nos adverte a não nos apartarmos das leis do universo, das leis da natureza e do caminho do amor.

2. A diversidade da vida

Retornaremos diversas vezes e extensivamente ao lugar especial que o homem ocupa no processo mundial. Mas, a seguir, falemos daqueles que nos acompanham no processo de desenvolvimento deste mundo e sem os quais nós não existiríamos: os animais e as plantas. É grande a nossa culpa com relação a eles.

Os animais: nossos irmãos misteriosos

É típico do homem ocidental, sobretudo na pessoa do cientista, estabelecer-se como critério de valoração dos seres vivos. As outras formas de vida, que não se comunicam conosco à nossa maneira ou cuja natureza nossos limitados métodos de análise e mensuração não conseguem sondar ou só o conseguem parcialmente, recebem, juntamente com o certificado de alteridade, o carimbo de "inferiores", de "menos valiosas que a humana". O juízo a respeito dos animais, tal como o transmite a cultura predominante, revela a incompreensão, a absolutização de um conhecimento limitado, de experiências limitadas e de critérios antropocêntricos estabelecidos arbitrariamente. As pessoas conscientes da totalidade, que não excluem a intuição e a sensibilidade como instrumentos de apreciação do mundo, sempre encararam de outro modo o reino animal. E também uma parte da pesquisa vem abrindo, vagarosamente, a porta de um conhecimento e de uma compreensão mais profundos. Descobriram-se o significado, a percepção, o modo especial de entender e o espírito de numerosas espécies animais. Com base nos primeiros resultados da investigação, começa-se a vislumbrar que o modo de comunicação de alguns animais, embora ultrapasse nossa capacidade de entendimento, apresenta características bastante complexas. É preciso aprender a aceitar que os bichos têm condições não só de imitar o comportamento humano como também de escolhê-lo criteriosamente, inclusive selecionando opções de comportamento. Admite-se com assombro que eles, ademais de terem sentimentos e emoções, conseguem desenvolver habilidades fora do nosso alcance, as quais os pesquisadores, com suas limitações humanas, são incapazes de explicar.[9] Como é possível que as aves percorram com toda segurança milhares de quilômetros sem se desorientar? Como é possível que certos animais domésticos cheguem a sacrificar a própria vida para salvar a do dono? Ou que um bicho perceba o sofrimento ou a morte do dono mesmo quando este se encontra muito longe dele? O que leva os animais perdidos ou abandonados a voltar para casa viajando milhares de quilômetros a partir de um lugar estranho, passando por regiões desconhecidas? O que faz com que um cão chegue a ficar anos na estação de trem de onde seu dono partiu transportado num caixão? Por que os golfinhos percebem o perigo a que está exposto um ser humano e o procuram para acompanhá-lo ou levá-lo em segurança até a praia? Essas perguntas constituem não só um problema científico, mas também o da dimensão do coração e da alma, do amor e da lealdade de um universo que nos é desconhecido. Os animais, por um lado, estão muito próximos de nós e, por outro, vivem em seu cosmo próprio, à sua maneira, o qual nunca compreenderemos, pois esse cosmo não é ou deixou de ser nosso. Só isso devia bastar para que tivéssemos mais cautela e mais respeito.

Tudo quanto vive exala o espírito do divino e do Criador; desse ponto de vista, toda forma de vida se apresenta divinamente animada, ainda que aspectos ignorados e pontos obscuros dificultem o entendimento do espiritual e do anímico no corpóreo. Nós, homens e animais, somos irmãos distantes oriundos de um impulso e de um Espírito, por maiores que sejam as diferenças que separam os horizontes do nosso mundo vital. "Tu me ensinas a conhecer os meus irmãos no silêncio da mata, do ar e da água" — escreve Goethe em *Fausto*.

O que sabemos do verdadeiro estágio de desenvolvimento e, sobretudo, das possibilidades de desenvolvimento ainda dormentes no mundo animal? Acaso conhecemos o destino e a aspiração neles talvez ocultos?

Em termos históricos, não faz muito tempo que se observou que já não temos uma relação natural com os bichos. A distância cultural aberta pelo desenvolvimento extraordinário do homem conduziu a relações alienadas que, até agora, impediram-nos de perceber que podemos habitar a Terra em iguais condições de valor e importância.[10] Continua sendo uma exceção a formulação apresentada pelo desembargador Ignaz Bregenzer, em 1894, em *Thier-Ethik* [Ética animal]: "Todos os seres sensíveis, inclusive os animais inferiores, são nossos parentes próximos ou distantes, e se parecem conosco nos atributos psíquicos e, em parte, no comportamento ético. Nesse fundamento natural assenta a concepção monística; nele assenta a consciência de que todo homem normal e instruído tem o dever e o direito de respeitar os animais."[11] Ora, em vez de respeito, o que predomina é a *hybris* do gênero humano em suas atuais relações com as outras criaturas; em última instância, essa *hybris* não reconhece nenhum direito à vida a não ser o seu, nada tolera ao seu lado, a não ser o que lhe é útil.

Os animais na atualidade: maltratados, explorados, consumidos

Somente a partir da industrialização a relação do homem com o animal adquiriu as características racistas, perversas e de desprezo pela vida que hoje todo o planeta denuncia.

Muitas pessoas só entram em contato com o reino animal no açougue, na forma de um assado na mesa ou de um hambúrguer na lanchonete. Nelas, a alegria da diversidade da vida degenera-se em alegria sobre a quantidade e a variedade das carnes. Para elas, a carne não é — como para os esquimós — um alimento, e sim um mero objeto de prazer. E pouco lhes importa saber o verdadeiro preço escondido atrás da importância marcada no cupom fiscal, o "custo" em sofrimento: sofrimento nos currais, nas gran-

jas, nos matadouros. Os gritos das criaturas lá abatidas não lhes atingem os ouvidos; as eventuais informações que lhes chegam perdem-se na anonimidade da morte em massa. Também ficam ocultas as problemáticas conseqüências da criação de animais para a produção de carne:
— O desperdício de víveres na alimentação do gado. Com dez quilos de grãos obtém-se apenas um quilo de carne de boi; com doze quilos de grãos, apenas um quilo de carne de frango.
— O empobrecimento do "Terceiro Mundo" devido à exportação de ração (grãos, soja, mandioca...) para os países ricos. Aqui se alimenta o gado com o que lá faz falta para as cerca de quarenta mil crianças que diariamente morrem subnutridas ou carentes de cuidados médicos.
— A destruição das florestas tropicais mediante o desmatamento de vastas áreas, principalmente para a criação do gado cuja carne será exportada para os países ricos.
— A deterioração das florestas. Nas regiões pecuárias é sumamente elevado o índice de destruição das matas, devido à evaporação do estrume rico em amoníaco. O amoníaco se transforma em ácido nítrico, um dos componentes da chuva ácida.
— A poluição dos lençóis freáticos devida aos dejetos.
— A contaminação da carne com produtos químicos e veterinários (antibióticos, hormônios, psicotrópicos, calmantes...) empregados em grande escala sobretudo na pecuária.
— A manipulação genética dos animais a fim de aumentar a produção de carne.

Ora, produzir e comer carne de seres vivos por "puro prazer" constitui apenas um lado da situação. Espécies animais inteiras têm sido vítimas do homem nas últimas décadas: pela destruição de seu espaço vital ou ainda nas cruéis incursões de caça e devastação dos bosques, das savanas, dos rios, dos mares e do ar. Aqui entram em jogo tanto a busca de alimento quanto outros interesses como o da confecção de roupas exóticas, da produção de cosméticos e artigos de luxo e até mesmo o de matar pelo prazer de matar. Só nas festas populares espanholas sacrificam-se 27 mil touros, bezerros e vacas — sendo que sete mil morrem nas arenas das touradas.

Deparamos com uma perversão especial nos laboratórios em que se realizam experiências com animais em nome do conhecimento "científico".

O sadismo patológico e a frieza dessas experiências, que muitas vezes vitimam primatas altamente desenvolvidos, não têm desculpa nem justificação. E que falta de caráter precisam ter os "médicos" e "cientistas" que se servem dessas experiências, nas quais já não se trata sequer de "progresso do conhecimento", e sim de uma rotina na formação dos estudantes de medicina! Com efeito, embora também nessa questão tenha aumentado enormemente a consciência do problema nos últimos decênios do século XX, as conseqüências continuam insignificantes e resultam mais da pressão do segmento responsável da opinião pública que da tomada de consciência por parte dos cientistas de laboratório. Eu quero ressaltar inequivocamente que tal prática difere apenas em grau da de Mengele, o médico de campo de concentração e assassino de numerosas vítimas, mas dela não se distancia em termos de princípio — e é preciso ter em vista que mesmo essa graduação não passa de arbitrariedade antropocêntrica.

Para tudo os lobistas da pecuária em grande escala, dos matadouros, da caça, do uso de animais nos esportes violentos e nas experiências de laboratório encontram justificativas: econômicas, médicas, "científicas", hedonistas. Mas, diante do espírito de não-violência, nenhuma dessas justificativas encontra apoio no atual nível de conhecimento e de consciência. Há limites que não nos cabe ultrapassar, mesmo porque ultrapassá-los significa desumanizar-nos a nós mesmos e a nossas potencialidades. Não nos cabe ultrapassá-los porque o amor e o respeito pela criação são indivisíveis.

Talvez uma parte da humanidade tenha demorado até hoje para compreender isso. Talvez as violações dos limites até agora perpetradas não tenham sido totalmente inúteis como passos rumo à verdadeira humanização no processo universal da vida — com tudo que têm de revoltante e horrendo. Talvez uma parte da humanidade precise antes tocar todos os limites possíveis, violar todos os tabus e sufocar todos os sentimentos valiosos para que nela brote a sabedoria que outros seres humanos vêm pregando e vivendo há milênios.

Os animais nas religiões

As relações internas e externas das religiões com os animais apresentam-se variadas e, em parte, extraordinariamente contraditórias — tanto na relação das religiões entre si como no interior de cada uma delas. Alguns esclarecimentos podem ser úteis.

Em escritos até certo ponto religiosos, alguns pensadores greco-romanos pregaram o respeito pelos animais.¹² Pitágoras (*c.* 560-480 a. C.) preconizava a dieta vegetariana em nome da metempsicose, coisa igualmente proclamada por Empédocles (*c.* 483-425 a. C.) e Xenócrates (*c.* 399-314 a. C.). Teofrasto (*c.* 372-288 a. C.) condenava o abate de animais inofensivos e considerava o seu sacrifício sacrílego. Semelhante era a argumentação de Plutarco (46-120) na época do Império Romano: "Em troca de um pedacinho de carne tiramos a alma dos animais, assim como a luz do sol e o tempo de vida para os quais eles nasceram e existem por natureza. Que refeição, pela qual um ser vivo foi morto, não é cara demais? Ou será que damos pouco valor à alma? [...] Eu não penso senão em chegar a imaginar e compreender a percepção, ou seja, a capacidade de ver e ouvir que todo ser vivo recebeu da natureza a fim de procurar o útil e evitar o nocivo."¹³ Também Plotino (*c.* 205-270 a. C.) e seu discípulo Porfírio (*c.* 234-301/305 a. C.) representaram esse pensamento, sendo que o último, com seu extenso trabalho em quatro volumes *Sobre o Desenvolvimento dos Seres Animados*, criou uma obra-padrão propondo que se poupassem os animais e se renunciasse ao consumo de carne tanto por motivos espirituais — libertação do mundano/sensual, busca da pureza — quanto pelo bem dos próprios animais.

No cristianismo eclesiástico, os animais não têm nenhuma importância prática ou teológica como nossos irmãos na criação. São muitos os motivos, sendo o principal deles o fato de a Bíblia e os Evangelhos canônicos nada dizerem sobre os animais. Com raras exceções, cabe-lhes unicamente o papel de entretido acessório e de adorno parabólico. Não é isso o que ocorre nos evangelhos apócrifos, especialmente no que se refere à enorme proximidade dos animais com os apóstolos; não obstante, tanto a divulgação desses textos quanto suas conseqüências na ética cristã foram marginais. A semelhança do homem com Deus e o *status* que ele se atribui de "ponto culminante da criação" não toleram rivais: só pode haver seres inferiores a ele. Em primeiro lugar, textos isolados ainda disponíveis, inclusive teológicos, que muito devem ao pensamento grego e que, como o de João Scotus Erigena, do século IX, também postulam a imortalidade dos animais em sua alma imaterial, foram relegados à ignorância no mais tardar a partir da escolástica e dos escritos de Alberto Magno e de Tomás de Aquino.¹⁴ Aqui corroboraram também os pretextos dos pais da Igreja para perseguir os vegetarianos de motivação religiosa no mundo cristão. Nesse contexto, cabe ressaltar que Francisco de Assis, apesar de seu amor pelos bichos e do tratamento fraternal que dispensava a todas as criaturas, foi declarado santo. Vale mencionar que, assim como Francisco, outros santos tiveram uma relação especial com os animais e observavam dieta vegetariana. Entre eles figuram Antônio, Basílio o Grande, Orígenes, João Crisóstomo, Clemente de Alexandria, Jerônimo, Eusébio, Bonifácio, Tertuliano e, nos dias de hoje, Madre Teresa de Calcutá. Parece-me digno de menção que a Regra de São Bento, no capítulo 39, Seção 11, prescreve: "Ademais, todos devem abster-se totalmente da carne dos quadrúpedes, com exceção dos enfermos muito debilitados." Parece que não é bem essa a prática nos mosteiros beneditinos.

Na falta de sensibilidade para com os animais, no cristianismo predominante, detecta-se seguramente algo da dificuldade básica de lidar com o sentimento, o impulso e o corpo. Uma doutrina moral que teve menos problemas com isso, a concepção cartesiana e mecânica da integração do corpo com a natureza como um hino ao amor a toda a criação de Deus e o reconhecimento do Eros do Ser, aproxima-se mais do martírio dos animais que da empatia e do respeito. Ora, como ficou dito, isso vale para a doutrina e a concepção predominantes durante séculos e séculos de cristianismo. Sempre houve tendências centrífugas resultantes, em parte, da própria fé cristã e, em parte, de influências alheias. Assim, é possível detectar, no cristianismo, vestígios do amor oriental, céltico e germânico pelos animais.[15] E certas comunidades religiosas cristãs do passado e do presente, como os mórmons, os shakers, os adventistas do sétimo dia, os antroposofistas, os cristãos primitivos — para citar apenas algumas — enfatizam o lugar especial dos animais na criação divina.[16] São do ano de 1802 as estrofes de uma canção que se encontra no hinário evangélico de Biberacher:

> "Os animais, dos quais és dono,
> (considera isso, homem, considera isso, Cristo!)
> também são partes do todo:
> Conceda Deus também a eles;
> o direito civil da Criação
> oh, não os encares com desprezo.

> Milagres da mão de Deus, também eles são
> por constituição teus parentes próximos,
> mediante impulsos implantados:
> muitas vezes eles mostram vestígios de pensamento
> são filhos fiéis da Natureza,
> gozam do seu amor."[17]

À parte as severas regras alimentares que cercam o consumo da chamada carne *koscher*, a relação do judaísmo com os animais é muito parecida com a do cristianismo. Convém lembrar o seguinte:

O Gênesis prescreve dieta vegetariana: "Eu vos dou todas as ervas que dão semente, que estão sobre toda a superfície da terra, e todas as árvores que dão frutos que dão semente: isso será vosso alimento" (1.29).

O Êxodo ordena: "Durante seis dias farás os teus trabalhos e no sétimo descansarás, para que descanse o teu boi e o teu jumento [...]" (23.12).

No Deuteronômio proíbe-se o uso de animais diferentes na aradura: "Não lavrarás com um boi e um asno na mesma junta" (22.10).

Diversos profetas condenaram drasticamente a imolação e o holocausto, como Amós: "Eu odeio, eu desprezo as vossas festas e não gosto de vossas reuniões. Porque, se me ofereceis holocaustos..., não me agradam as vossas oferendas e não olho para o sacrifício de vossos animais cevados" (5.21-22).

O Livro dos Devotos (Sefer Chasidim), da Idade Média, diz: "Sede gentis e misericordiosos com todas as criaturas que o Altíssimo neste mundo criou. Nunca espanqueis um animal nem sejais a causa da dor de nenhum bicho."[18]

Na medida em que se pode generalizar, a situação dos animais no islamismo apresenta duas características. O animal, como o conjunto da criação, goza de muita estima e respeito. Ao mesmo tempo, é claramente inferior ao homem e sujeita-se a lhe ser útil. Quanto a isso, a afirmação-chave se encontra no Alcorão, na sura 16, versículos 5-8:

"5. E os rebanhos, ele os criou para vós. Neles há abrigo e outras vantagens e deles vos alimentais. 6. Desfrutais vendo-os quando retornais à tarde ou quando os levais a pastar pela manhã. 7. Transportam vossas cargas a países a que só chegaríeis com muito padecimento. Vosso Senhor é, em verdade, manso, misericordioso. 8. E [criou] os cavalos, os mulos, os asnos, para que vos sirvam de montaria e de ornato".[19]

Roupa, comida, adorno, meio de transporte: pode-se dizer que esses quatro principais significados do animal são até hoje reconhecidos e respeitados no islamismo, conquanto sejam bastante detalhadas as prescrições referentes à alimentação e ao ritual do abate.[20] Contudo, na minha opinião, a seguinte passagem da sura 6, versículo 38, oferece uma ampla margem de interpretação:

"Não há animal na terra, nem ave que voe com suas asas, que não constitua comunidade convosco."[21]

Aqui se fala na semelhança dos animais com os homens perante Deus, coisa que também figura na sura 22, versículo 18:

"Não vês que se prosternam diante de Alá os que estão nos céus e na terra, assim como o Sol, a Lua, as estrelas, as montanhas, as árvores, os animais e muitos dos homens?"

Conforme a exegese muçulmana, os animais também passarão pelo Juízo Final!

"A barriga não há de servir de cemitério de animais": atribui-se esta frase a Maomé, que, segundo a tradição, era vegetariano.[23]

O sofrimento e o ferimento, sendo um mal para a alma, não se justificam perante o elevado ideal do *ahimsa*. E, conforme a concepção hinduísta, isso vale não só para os homens como também para as almas que vivem nos animais. Ferir ou matar desnecessariamente um bicho é imperdoável no hinduísmo. Pelo contrário, atribui-se aos animais um *status* jurídico próprio: "Aquele que por prazer fere os animais, que a ninguém fazem mal, nunca será feliz, esteja vivo ou morto. Aquele que não deseja judiar das criaturas vivas, prendendo-as ou matando-as, terá, graças a sua bondade para com todos, uma felicidade infinita."[24] A alta estima pelos animais, na concepção hinduísta, provém sobretudo da semelhança entre eles e os homens e do lugar que ocupam no âmbito da ordem mundial divina, pois sua existência é uma parte essencial da própria divindade suprema. Correspondentemente óbvia e muito disseminada na cultura hinduísta é a dieta vegetariana, mesmo que, no curso dos séculos, tenham se verificado desvios e abrandamentos no estilo de vida, sobretudo daqueles que não são monges. Especialmente nas situações de emergência, no combate à fome ou às doenças, justifica-se o eventual abate de animais.²⁵ Também existem tradições hinduístas que recomendam o sacrifício e a deglutição ritual de carne. Contudo é impensável, na visão hinduísta, a absolutização do ser humano tal como ocorre no cristianismo predominante. A frase de Mahatma Gandhi é encarada mais como uma formulação grandiloquente: "A grandeza de uma nação não se mede pelo que ela possui, mas pelo modo como trata os animais." Em todo caso, equivale a uma concepção de mundo.

A posição dos animais no budismo se relaciona indubitavelmente com a doutrina da reencarnação, ou seja, da transmigração da vida de uma forma de existência para outra. No entanto, o princípio da vida merece estima e respeito e, assim, obviamente também a existência animal. Quem compreende a permeabilidade das formas do ser pode reconhecer-se a si mesmo em outras formas do ser e, já por isso, abstém-se de maltratar ou matar. A reverência pela vida permeia toda a ética budista e eleva os animais à qualidade de irmãos na vida. Decerto o budismo se desdobra em doutrinas e visões completamente divergentes, todavia a preservação dos animais constitui um elemento essencial, central e transcendente, que persiste na exigência da não-violência perante todas as criaturas, mesmo a menor das formigas. É natural e humano que, na vida prática dos monges e leigos budistas, haja uma defasagem entre idéia e realidade. Mas é o grau de não-violência e de dieta vegetariana que mostra até que ponto os discípulos de Buda são bem-sucedidos em suas aspirações.²⁶

A ética e os direitos dos animais

A questão de uma ética que determine a atitude dos homens para com os animais, da qual derivem deveres para aqueles e direitos para estes, adquiriu importância na história recente, e não só no contexto da fundamentação religiosa. A questão também ocupou cada vez mais os filósofos e os cientistas das mais diversas disciplinas. Resultaram exposições e estudos, em parte notáveis, dando ênfase a uma ampla faixa de aspectos — desde o reconhecimento do animal como inferior ao homem e, justamente por isso, titular de um direito a ser respeitado, até o respeito puro e simples pelo animal, considerado dotado de um *status* jurídico até certo ponto autônomo.²⁷ Sobretudo Jeremy Bentham (1748-1832) e Arthur Schopenhauer (1788-1860) ofereceram contribuições decisivas ao colocar no centro de suas reflexões a capacidade de percepção e de sofrimento dos animais comparável à do homem. Jeremy Bentham:

"Chegará o dia em que as outras criaturas animais adquirirão direitos dos quais jamais poderão ser privadas, a não ser pela mão da tirania. Os franceses já descobriram que o fato de ter a pele negra não é motivo para que um homem fique à mercê do bom ou do mau humor de um torturador. Um dia, saber-se-á que o número de patas, o pêlo no corpo ou o prolongamento do osso sacro tampouco são motivos para entregar um ser sensível ao mesmo destino. Mas qual há de ser a fronteira intransponível? Acaso o dom da razão ou, quem sabe, a capacidade de fazer um discurso? Mas um cavalo adulto é um animal incomparavelmente mais sensato e comunicativo que uma criança de um dia, de uma semana ou mesmo de um mês. Mas, supondo que fosse diferente, qual seria? A pergunta não é "Eles são capazes de pensar?", nem "Eles sabem falar?" e, sim, "Eles podem sofrer?"[28]

Encontramos o primeiro sistema elaborado de ética animal em Karl Christian Friedrich Krause (1781-1832), no âmbito de sua doutrina panenteísta ("Allingottlehre"). À vida animal ele atribuía alma, autoconsciência e autodeterminação na perseguição de objetivos. E qualquer ser dotado dessas propriedades é digno de um direito próprio. Em todo caso, esse direito se subordina ao da humanidade, assim como os direitos humanos se subordinam aos de Deus, o infinito titular do direito.[29] Por fim, Ignaz Bregenzer apresenta em *Thier-Ethic* [Ética Animal], publicado em 1894, o documento mais completo e abrangente sobre a dedução, a descrição e a preservação dos direitos dos animais e das obrigações do ser humano para com eles. Nele se destacam as seguintes reflexões:[30]

— O respeito pelos animais exige a preservação incondicional de sua vida, de sua saúde e de sua integridade física.

— Sem um interesse humano moralmente mais valioso e justificado, não se pode tirar a vida de nenhum bicho.

— Em face dos animais imperam deveres como, por exemplo, a preservação da vida no inverno e o acesso à água nos períodos de estiagem.

— Para com os animais úteis (os domésticos, os de caça, as abelhas sociais) há deveres especiais como o de evitar o sofrimento na captura e no transporte.

— Havendo necessidade, com "objetivos humanos legítimos", os animais devem ser mantidos em cativeiro sob a condição de contar com abrigo, alimentação e cuidados que lhes permitam seguir vivendo sem sofrer.
— Principalmente no caso dos animais domésticos, no sentido mais amplo, só em situações excepcionais ou para eliminar seu próprio sofrimento (doença, ferimento, velhice) é que podem ser mortos.
— As experiências com animais são cientificamente questionáveis e moralmente condenáveis.

Não obstante, Bregenzer insiste em enfatizar — e isso já se revela nos próprios deveres para com os animais — a situação especial dos ser humano e também seus direitos frente ao animal. Destacam-se os seguintes:
— Necessidade social na presença de animais nocivos (ratos, certas aves, parasitas, todo tipo de pragas).
— Os "eventuais delinqüentes animais" podem ser capturados, "sujeitados" e adestrados.
— A situação de emergência individual implica um direito humano que dispensa maiores esclarecimentos.
— Podem-se criar animais úteis, inclusive para a alimentação.

Principalmente no que se refere à questão da alimentação, ele se opõe a Schopenhauer, que recomenda a dieta vegetariana. Enfim, o interessante é que a clara posição de Bregenzer visa à interferência humana no reino animal. "A humanidade tem o dever moral de deter, na medida do possível, as conseqüências nocivas — desde que sejam perceptíveis e sanáveis — de sua intervenção na ordem natural, isto é, nos bens sociais do direito dos animais. Trata-se de uma contrapartida em favor do mundo animal."[31]

Em face do abuso irrefreável e da extinção de espécies inteiras, formou-se a partir dos anos 70 do século XX o movimento de proteção e dos direitos dos animais, parte do novo e grande movimento ecológico. Adquiriu mais força e maior significado não só a convicção de que os animais têm direito a direitos próprios, não só a de que devem ser protegidos para o seu próprio bem, como também a de que não se pode sujeitar nenhum animal àquilo que não se sujeita um ser humano.[32] Assim sendo, não há nenhum motivo plausível para que não se estenda aos animais a proibição de matar vigente entre os homens.

No entanto, esse pensamento ainda não encontrou praticamente nenhum eco nos sistemas jurídicos predominantes, por mais que essas reivindicações tenham sido objeto de discussão no Poder Legislativo, sobretudo por iniciativa dos membros dos partidos verdes. Embora não tenha tido conseqüências consideráveis sobre a barbárie da criação de animais em massa, dos matadouros e dos laboratórios que os usam como cobaias, desde 1990, os animais pelo menos já não são considerados "coisas" na Alemanha. O § 90 do Código Civil diz: "Os animais não são coisas. São protegidos por leis especiais."[33]

Os Estados Unidos são o país que mais avançou em termos de direito animal autônomo. Desde o começo dos anos 70 do século XX, os tribunais norte-americanos admitem que animais e plantas acompanhem, na qualidade de co-reclamantes, os seres humanos que se apresentam como reclamantes principais. Na Alemanha, uma iniciativa comparável, que ficou conhecida como a "ação da foca", foi rejeitada pelo Tribunal Administrativo de Hamburgo em 1988. Segundo ele, só os seres humanos são juridicamente capazes,[34] decisão indubitavelmente favorável aos firmes e milionários interesses da indústria de processamento de produtos animais. Na sociedade industrial, o direito dos animais é definido, na teoria e sobretudo na prática jurídicas, com base em considerações sobre a sua utilidade para o homem. O animal é pensado unicamente em função do homem e em relação a ele. Essas barreiras do espírito, do coração e do amor também suscitam certas manifestações emocionais para com os bichos, particularmente os domésticos, que não passam de um sentimentalismo hipócrita. Quem nega de fato ao ente pretensamente querido o direito autônomo e independente à vida e à dignidade não ama.

O que é possível, quando se respeita o animal, mostrou o rei indiano Asoka, no século III a. C., ao proibir o sacrifício de animais, ao limitar drasticamente o abate e prever a sua proibição total. Ele promoveu basicamente, não só a atitude de não matar e não ferir como também providenciou o tratamento médico, o necessário cultivo de ervas medicinais e a instalação de bebedouros.[35]

A vida vegetal

Homem, animal, vegetal: os seres humanos levam dentro de si essa seqüência gradual da importância da vida. Os vegetais ficam muito abaixo, são concebidos totalmente a serviço das formas superiores de vida. Entre a florzinha que pisamos distraídos e a majestosa árvore que nos inspira um sentimento de segurança e respeito, verdadeiros mundos se manifestam em nossa escala interior, porém o próprio carvalho precisa tombar quando estorva o plano dos homens ou quando sua madeira promete lucro. As plantas são avaliadas com base em sua utilidade: a de produtos elaborados, a de alimento para o homem e o animal, a de enfeite para o parque, o jardim e a casa, a de cura para o corpo e a alma. Essa visão utilitária tem uma legitimidade óbvia em face do horizonte da interação e da interdependência das formas de vida existentes no ser vivo Terra. E o homem e o animal conseguiram florescer em seu desenvolvimento superior justamente porque o reino vegetal colocou à sua disposição, numa diversidade e numa abundância incríveis, tudo quanto eles necessitam para viver, ademais dos elementos. Mas isso não é tudo. A natureza encerra um significado e um valor próprios que extrapolam a mera funcionalidade e o caráter de serviço aos demais seres vivos. Nós deparamos com uma riqueza inacreditavelmente pródiga de formas, configurações, cores e odores, que levou biólogos célebres a constatar que existe algo como a auto-representação da essência vegetal.[36] Ela provém não só do princípio da conveniência, como ensinou Darwin, mas também de uma concepção de forma determinada pela simetria, a harmonia, a estética e a extravagância. O ser que se expande, obedecendo a um impulso criador rumo à perfeição, subordina-se a outras legitimidades que não as resultantes da relação funcional e da recíproca referência das diferentes formas de vida.

Isso confere também aos vegetais um direito à vida fundamentado simplesmente em seu modo de ser, em uma dignidade que lhes é própria. A planta à minha frente exala sua unicidade e é uma expressão visível, viva, do impulso criador que lhe deu origem.

Lilium regale — *Lírio régio*

Este perfume!
O estio
Nos penetra o coração.
A felicidade
de uma hora agonizante —
entrega-se
regiamente.
(Hans Günter Saul)

Em todas as religiões, o ser e a essência dos vegetais aparecem como expressão mais ou menos nítida, mais ou menos circunscrita, da criação. Também neles se realiza a energia universal do amor e, à sua maneira, eles a irradiam no próprio homem.

"Aprendei dos lírios do campo, como crescem, e não trabalham nem fiam. E, no entanto, eu vos asseguro que nem Salomão, em toda a sua glória, se vestiu como um deles." (Mateus 6.28-29)

Como disse Jesus no Sermão da Montanha, o amor e a proteção de Deus vivem até mesmo nas flores e nas ervas do campo. E nisso é muito claro o livro bíblico da Sabedoria (11.24-26, 12.1):

"Sim, tu amas tudo o que criaste, não te aborreces com nada do que fizeste; se alguma coisa tivesses odiado, não a terias feito. E como poderia subsistir alguma coisa, se não a tivesses querido? Como conservaria a sua existência, se não a tivesses chamado? Mas a todos perdoas, porque são teus: Senhor, amigo da vida! Todos levam o teu espírito incorruptível!"

Enquanto na tradição judeu-cristã, como na islâmica, essa visão total da Criação ficou sem conseqüências no que diz respeito a uma ética da natureza com fundamento religioso que atribua aos vegetais um valor e uma dignidade próprios, o hinduísmo, o budismo e jainismo enfatizam claramente esse aspecto. Sua solidariedade para com as plantas, que decerto se relaciona em parte com a doutrina da encarnação, conduz ao respeito e à estima pela vida vegetal e à exigência de não destruí-la. Os monges jainistas só comem os frutos e as partes adultas das plantas, a proibição de matar inclui também o arrancamento de raízes.

Enfim, sobretudo as diferentes religiões primitivas e a espiritualidade dos índios indicam que também nos vegetais se encerra algo anímico. Para elas, *toda* vida é sagrada. Ao se afastar dessa visão, o homem acaba perdendo todo respeito. Um índio sioux: "Longe da natureza, o coração do homem endurece. A falta de respeito pelo que cresce e vive leva rapidamente à falta de respeito pelo homem."[37]

Entrementes, a idéia do valor próprio do reino vegetal incluiu-se também na atual discussão sobre a proteção da natureza e sobre uma ética ecológica. Conquanto as concepções e as normas de proteção ambiental mundialmente dominantes ainda estejam marcadas pelo antropocentrismo — só a proteção da natureza garante os fundamentos vitais para o homem —, um número cada vez maior de biólogos, ecologistas, filósofos e também de políticos isolados situam o mundo vegetal numa plataforma jurídica própria. Um exemplo são os representantes da chamada ética biocêntrica do filósofo de Essen, Klaus-Michael Meyer-Abich. Considerando-os parentes na história da natureza, ele confere ao homem, ao animal, às plantas e aos elementos uma comunidade jurídica da natureza, cada qual com seu valor e seus direitos próprios. "A transição para a comunidade jurídica da humanidade com o mundo natural significa o fim de nosso *status* de saqueadores na natureza e o reconhecimento do nosso parentesco com o mundo natural que nos rodeia."[38]

Semelhante ponto de vista, que muito se aproxima da unidade de toda a vida, não exclui as inevitáveis intervenções na natureza, mas estas devem ter bases eticamente justificáveis, como a da alimentação natural.

É ocioso enfatizar o quanto ainda parece distante uma prática humana generalizada que se atenha a semelhante norma básica. Sabe-se que a poluição do mundo vegetal, da terra, da água e do ar, o esgotamento do solo, a destruição das florestas, o extermínio deliberado de espécies vegetais inteiras e a manipulação genética falam outra linguagem. É a linguagem do pensamento utilitário e da visão biotécnica do mundo. Entretanto, o processo da vida, na sua totalidade, não conhece o esquecimento. Nenhuma intervenção contrária à natureza fica sem conseqüências. Cedo ou tarde a humanidade será obrigada a proteger e respeitar o meio ambiente — senão por conhecimento e compreensão, por puro instinto de autopreservação.

Unidade na alteridade

No epílogo de suas memórias, Albert Schweitzer toca num ponto que tem levado reiteradamente a um mal-entendido quanto à sua ética:

"Muitos acham particularmente estranho que a ética da reverência pela vida não aceite distinção entre formas de vida superiores e inferiores, mais e menos valiosas. Ela tem motivos para rejeitar tal separação. A atitude de estabelecer diferenças genéricas de valor entre os seres vivos consiste em julgar, conforme a nossa sensibilidade, se eles parecem estar mais próximos ou mais distantes de nós, seres humanos, o que é um critério totalmente subjetivo. Quem há de saber que importância têm os outros seres vivos em si e na totalidade do mundo?"[39]

A dificuldade das pessoas que se ocupam seriamente dessa posição tem raiz dúplice: pode-se interpretar o pensamento de Schweitzer, ou seja, a recusa de valorar as diferentes formas de vida, como algo próximo do igualamento. Mas isso resultaria numa total incapacidade de ação, pois não existe nenhum critério pelo qual decidir num mundo inteiramente povoado de vida. Ora, o próprio Schweitzer se antecipa a essa interpretação ao mostrar, com inúmeros exemplos, que a decisão em favor de um determinado ser vivo exige o sacrifício de outro.

"Eu compro dos nativos uma águia-pescadora, que eles capturaram num banco de areia, a fim de livrá-la de suas mãos cruéis. Agora preciso decidir se a deixo morrer de fome ou se passo a matar diariamente um bom número de peixinhos para lhe dar de comer. Decido-me pela segunda alternativa."[40] Esse caso e a decisão tomada, assim como outros acontecimentos, remetem evidentemente ao conhecimento dos estágios de desenvolvimento e da graduação dos seres vivos. Independentemente de seu valor próprio, o peixe serve de alimento para a águia-pescadora, assim como ele, por sua vez, devora outros peixes ou microorganismos na água. Subordinar-se a esse conhecimento diante de uma decisão necessária não significa atribuir maior ou menor valor às diferentes formas de vida.

Todo ser vivo é afetado por uma gradação em si, em seu modo de ser como forma de vida de uma determinada espécie e em sua existência única e concreta. E é possível reconhecer no homem o ser mais desenvolvido no processo evolucionário. No modo de organização de sua vida estão inscritos os milhões de anos passados na história da Terra: desde a trajetória completa das formas de vida até o despertar do espírito autoconsciente e do conhecimento da liberdade de ação. No processo gradual do devir do mundo, o homem é, como formulou Julian Huxley, "a evolução que chegou à consciência de si".[41]

Com isso voltamos ao "ponto culminante da Criação", que sujeita tudo quanto vive, cresce, arrasta-se e voa? O reconhecimento do homem no que ele tem de especial não passa, evidentemente, de critério humano relacionado com nossa capacidade de conhecimento e reflexão. E, por isso, convém ter cautela, pois nenhum ser humano pode delinear com precisão até onde chega a vida consciente. Já há perigo em simplesmente fixar a consciência no indivíduo, no ser isolado, excluindo a existência de algo como áreas de sensibilidade, percepção e reflexão coletivas, próprias da espécie.[42] Também recomendável é o cuidado de não confundir a dinâmica do desenvolvimento humano com o desenvolvimento em geral e, assim, subordinar o resto da vida e das formas de vida à repetição dos mesmos ciclos naturais. Ainda que com diferentes velocidades, *toda vida* consiste em circuito e desenvolvimento, em retrocesso e progresso cíclicos. Nada permanece como era, tudo está em transformação, tudo está no fluxo da mudança, e ninguém conhece as possibilidades e os fins do desenvolvimento também presentes nos reinos vegetal e animal. Uma coisa é reconhecer o ser próprio no que ele tem de especial e singular, inclusive o humano; outra é reconhecê-lo também nas demais formas de vida, tendo respeito por suas ignoradas possibilidades de desenvolvimento; em terceiro lugar vem o respeito pela totalidade e a interdependência de todos os seres, sem por isso desconhecer o que há de especial no nosso próprio ser. A partir desses três passos o homem pode assumir, na vida, a postura de tomar conhecimento e aceitar a alteridade dos outros seres vivos e admitir que a diferença — inclusive entre os próprios seres humanos — é uma premissa e uma necessidade do desenvolvimento. Perante essa atitude, a clonagem de animais e seres humanos se apresenta não só como uma perversa violação de tabu, mas também como uma compreensão equivocada do conceito de desenvolvimento. Este não resulta da uniformidade: nutre-se, isso sim, do húmus da diferença.

O respeito pela alteridade do "tu" das outras criaturas dá fim ao racismo do gênero humano. Aqui assenta a nossa contribuição primeira e central para a solidariedade (invisível) de todos os seres vivos entre si, para, como diz Max Scheler, "a solidariedade do processo mundial com o destino da transformação de sua base superior".[43] Aqui a solidariedade com os fenômenos da vida, no meio ambiente, passa a ser mais que uma ética da compaixão pelos outros seres sensíveis. A aspiração de igualdade, que — como em Bentham e também nos atuais militantes dos direitos dos animais — se reporta unicamente à capacidade de compaixão, corre o perigo de enxergar e compreender a vida apenas sentimentalmente transfigurada na atitude de defesa contra o sofrimento. E eu desejo ressaltar: o processo vital cósmico se manifesta na diferença como unidade. A alteridade no todo conduz ao desenvolvimento não só do ser isolado, mas do próprio todo. Isso proíbe qualquer juízo de valor no reconhecimento da graduação e promove, a partir da visão da totalidade, o respeito pelo menor dos seres; seguem-se o amor, a compaixão e a proteção.

O respeito do homem pela diversidade e pela unidade da vida constitui o fundamento de um futuro reconciliado na Terra. Em comparação com o nosso passado recente, no aspecto em que o ser natural prevalecia sobre o racional, a composição desse fundamento se alterou deveras. Sentir-se unido sem necessidade de reflexão era e é uma coisa; *saber-se* unido e *viver pensando* na unidade é o que se deve acrescentar. O intelecto alçou-se acima da natureza como meio ambiente, sem o intelecto não avançamos rumo à experiência do mundo-próximo, do mundo-semelhante. Que o direito à vida do ser humano está inseparavelmente ligado ao direito à vida da natureza extra-humana é algo que a humanidade precisa tornar a conceber antes que o pensar e o sentir convirjam. Até mesmo o amor reprimido pode recuperar espaço para se desdobrar na transparência do espírito. Pensar, conviver, simpatizar — tríade que encobre a dissonância dos objetivos menores e egoístas, tríade que gera a harmonia do homem com o mundo, tríade que leva à unissonância e porá fim à desunião da vida a partir do homem.

Não obstante, o elevado bem de estar unido também tem um preço elevado, que é transcender o *eu* e a *pessoa* não só rumo ao divino, mas também e justamente rumo ao mundo das criaturas. A capacidade de domínio do homem consistia e consiste em seu antropocentrismo, no hábito de tudo ver, classificar e avaliar a partir de si, com referência a si e diante de si. Totalmente enredado e absorto no eu e na pessoa, ele não podia ser senão o centro. Do ponto de vista histórico, essa etapa do desenvolvimento foi absolutamente inevitável e liberou consideráveis potenciais e energias de logos e consciência. Porém, ao mesmo tempo, nela se enraízam obstáculos, medos, limitações territoriais e espirituais e, em conseqüência, a alienação e a destruição.[44] Com o transcender, com a superação incompleta de nossa personalidade voltada para o eu, continuamos entregues a nós mesmos como portadores das ações, como atores e observadores do nosso mundo e inclusive de nós mesmos, e assim não nos conseguimos livrar da nossa porção antropocêntrica. Ora, o nosso papel e a nossa função no processo mundial se redefine. Mesmo que nem toda a vida exista para o homem e possa passar muito bem sem ele, o ser humano, sendo criação que chegou à consciência, tanto em termos individuais quanto específicos, tem uma situação especial que ainda está por se realizar. Sem jamais perder de vista que é muito pouco o que sabemos sobre a consciência e os campos da consciência das outras formas de vida, tudo indica que, na evolução da criação, nós nos encontramos na transição entre a verdade deste lado e o reconhecimento do além, entre a imanência e a transcendência, entre o encarceramento e a nostalgia de ficar. Ser uma parte consciente dos processos vitais desta Terra e voltar-nos para eles com disposição de servir, mas também reconhecer que existem lugares e processos dos quais não participamos, nos quais nada temos a procurar nem a encontrar, constitui um lado da nossa existência. Empenhar-nos espiritualmente, buscar o divino e abrir-lhe o espaço que lhe corresponde — inclusive em nós mesmos —, eis o que caracteriza o nosso segundo lado. A união dos dois merece o nome de progresso, nessa união a evolução biológica se funde com a cultural.

Ambos os lados e a sua união nos ocuparão nas próximas seções e no próximo capítulo.

3. A força criadora da compaixão e a impotência

Saber-se parte de um todo abrangente no processo vital da Terra desfaz a ilusão da nossa visão antropocêntrica e egocêntrica do mundo. Com a dissipação da névoa dessa ilusão, nasce a disposição e reforça-se a capacidade de empatia com os processos do ser exteriores a mim: dos homens, dos animais e das plantas. Ter empatia significa colocar-se no lugar de outra vida, ver-se ligado a ela. Quanto mais sobrecarregada e aviltada se torna a malha da vida, tanto mais a empatia e o sentimento de ligação se acercam da compaixão. A compaixão pela vida machucada é o começo do conhecimento do que é necessário para a cura e o conforto. Mas a própria compaixão já traz em seu bojo uma força curativa e confortante.

A compaixão não é fácil na nossa época. Por um lado, a humanidade recebe uma tamanha avalanche de imagens do sofrimento que fica com a sensibilidade embotada. Ao mesmo tempo, o sofrimento alheio serve de recurso estilístico e estratagema para elevar os índices de audiência da imprensa, da televisão e do cinema e é adequadamente apresentado como bem de consumo para o voyeurismo instintivo do público da mídia. Semelhante exploração do sofrimento gera o hábito e, com ele, a indiferença, por trás da qual se oculta ainda mais o sofrimento a ser retirado conscientemente da vista da opinião pública e do indivíduo isolado. Sem o cultivo e o desenvolvimento da energia da compaixão, nós ficamos à mercê do endurecimento, do embrutecimento, pessoal e coletivo; simultaneamente, atrofia-se a capacidade de sentir, comunicar e participar da felicidade.[45] Quem não sente compaixão é também incapaz de experimentar uma alegria que não seja auto-referente. Um ser humano sem compaixão pela vida que, como ele, quer viver, leva, confinado em si mesmo, uma existência condenada.

Ter compaixão significa sofrer. A dor da ferida alheia dói em mim. E para quem não desvia o olhar desta Terra, com tanta desunião, tanta humilhação, com tamanho excesso de violência, a ferida há de ser duradoura. Por trás de cada alegria, oculta-se uma sombra. Toda felicidade vive confrontada com as trevas. É nisso que consiste a arte das pessoas capazes de compaixão: não desanimar nessa situação duradoura, não se deixar paralisar. A dor, a compaixão e a alegria participam juntas da vida. Ora, a pura ética da compaixão é inadequada para lidar com o sofrimento. Pois quem se serve da compaixão para dominar a atitude interior de um ser humano debilita-a, sentimentaliza-a, torna-a destrutiva, e obstrui a visão clara das opções de ação. E não faz caso do conhecimento de que nem tudo pode ser curado, de que existe uma natural relação de equilíbrio entre a vida e a morte. Ter compaixão e, mesmo assim, manter-se capaz de agir, conservar-se vulnerável sem se afogar em lágrimas, trabalhar as forças da salvação e, no entanto, ver e respeitar a inconstância: é nisso que está a força da compaixão.

A compaixão tem uma irmã, a impotência. Ambas são parecidas na essência. Ambas oscilam entre as forças da paralisia e as do movimento. Impotência: não ter poder; a nossa cultura do fazer, do poderoso e do poder, estigmatiza a impotência. Afinal, que pode haver de bom na incapacidade de agir?

Ainda mais que a compaixão, a impotência enfrenta a experiência dos limites.[46] Confronta-nos implacavelmente com o fato de que não podemos ir além do ponto a que chegamos: não com os meios conhecidos e não pelos caminhos já trilhados. O impotente se resigna, é obrigado a se deter intimamente: no tempo, no objeto, no seu impulso interior e na ação externa. Aquele que vê em tal situação o fundo do poço do desenvolvimento, a inutilidade, a humilhação, corre um enorme risco de fracassar de verdade. Quem interpreta a impotência como um sinal, como uma pausa para conhecer, criar força, apelar e ampliar a orientação, este consegue crescer na impotência. Há de aproveitar a oportunidade para tomar consciência dos limites do fazer cotidiano nos problemas existentes e de seus próprios limites pessoais. Aprenderá a sondar e conhecer as condições de sua impotência, e questionará os antigos caminhos, as antigas metas, a antiga visão dos problemas. Como ultrapassar ou contornar os limites, ou melhor, como redefinir os objetivos e os métodos para alcançá-los, isso sempre se pode enxergar por meio da impotência. Assim encarada, ela liberta, desencadeia novas forças criativas.

Seu outro lado criador surge na relação com a compaixão, pois só quem conhece a experiência da impotência é capaz de ter compaixão na profundidade necessária. O olhar de baixo para cima deixa marcas que desfazem os antolhos dos donos do poder. O olhar daqueles que têm a faculdade de lutar pelas possibilidades de ação detecta já no nascedouro todo poder e toda pretensão ao poder. Enquanto o poder que visa ao domínio e à opressão só pode se afirmar no confronto, a experiência da impotência consegue, na solidariedade e por compaixão, levar à união. Mas isso não é obrigatório. Muitas vezes a impotência leva justamente à identificação com os poderosos e ao desejo de exercer o domínio.

Não se deve omitir que a impotência também seduz. Não raro, nas relações interindividuais, sociais e mesmo entre Estados, os seres humanos recorrem à impotência para obter vantagens. Mesmo quando isso é perceptível, quem há de se voltar contra aquele que ostenta sua incapacidade de agir e chega a flertar com ela? Então a impotência se converte num instrumento quase sempre hipócrita, pois atrás dele oculta-se um tácito e secreto desejo de poder. Com a fraqueza usada como força e violência, busca-se o que é impossível alcançar de outro modo. Essa impotência pode inclusive ser subversiva e eficaz nos resultados, porém não altera a essência das relações. Pelo contrário, legitima as relações de poder vigentes: de uma parte, mediante a recusa voluntária em agir e desenvolver-se e, de outra, pela complacência sem risco para com o lado contrário, o poder. Quem persiste conscientemente na impotência e a cultiva transforma-se em lacaio do poder.

Também Jesus, o homem de Nazaré, carecia de poder — em face do Estado romano e da casta dos sacerdotes. Mas a recusa a portar armas e a renúncia a pretensões de poder não resultou em nenhum congraçamento, em nenhuma submissão, em nenhuma entrega passiva aos relacionamentos. Pelo contrário, sua impotência caminhava a par da clareza de visão, da denúncia do mal, com misericórdia e simpatia, e da libertação da humanidade mediante a salvação do corpo e da alma, por meio do consolo dos oprimidos e do lenitivo dos humilhados.

A compaixão e a experiência da impotência são os pilares da orientação do espírito de não-violência. A eles se acrescenta a alegria da vida e de todas as formas de vida. Encontrá-las é encontrar a reconciliação.

4. Servir ao milagre da vida: o caminho da não-violência

"Todos levam teu espírito incorruptível!"
Sabedoria 12.1

Devido à santidade da malha da vida em si e das formas de expressão que ela toma em cada ser vivo isolado, toda vida tem dignidade. A dignidade especial do ser humano provém desse conhecimento e da convicção inabalável de que não deve prejudicá-la voluntariamente. Do contrário, ele se tornaria indigno. A partir do homem, o princípio ético fundamental da proteção, do cuidado e da promoção da vida é válido para todos os seres vivos. O âmbito é determinado pelas leis naturais e pelo que é possível a cada ser humano isolado em cada situação isolada.

A parceria com os animais e os vegetais

Na violência contra o mundo que nos rodeia, sobretudo contra os animais, a prática da violência se generaliza e acaba se manifestando no comportamento diante do próprio homem. É estreitíssimo o vínculo entre a violência contra os animais e a praticada contra o ser humano. Ela se exprime inclusive em nossa linguagem. "Pisar no adversário como num verme", "esmagar-lhe a cabeça feito a de uma cobra", "chutá-lo como um cachorro"... Em tais imagens, o desprezo e o aviltamento dos outros seres humanos encontra expressão no desprezo óbvio pelos animais. Quando um presidente norte-americano, como Ronald Reagan, xinga o chefe de Estado líbio de "cão sarnento", está querendo dizer, sem dizê-lo, que ele deve ser espancado ou apedrejado. A transformação da nossa atitude e da nossa relação com os animais resulta em transformações na nossa atitude e na nossa relação com os homens. É na reconciliação com o reino animal que está a saída para um mundo inteiramente pacífico. Quais são as conseqüências disso?

Maltratar os animais é tão condenável quanto lhes ameaçar a vida por negligência ou naquilo que chamam de "esporte". Caçar e matar as criaturas de Deus ou instigá-las umas contra as outras em "competições" nada tem a ver com o esporte como cultivo da saúde do corpo e da alma. Isso não tem justificativa ética nem moral. Muita gente há de concordar com esse juízo. A coisa se torna bem mais difícil quando se trata da alimentação, visto que todo ser humano é dado ao prazer. No açougue e ao examinar o cardápio do restaurante, o amor, a lucidez e o respeito vacilam. Via de regra, o impulso continua prevalecendo sobre a empatia, o amor e a razão: e os índices de consumo mundial de carne falam por si sós. É ocioso insistir na íntima relação entre o consumo de carne animal e a destruição do meio ambiente.[47] A pura racionalidade já proíbe a ingestão de carne. Estudos realizados em todo o mundo mostram que, do ponto de vista da fisiologia da nutrição e da medicina, não há necessidade de comer animais abatidos. Pelo contrário. E nada há a acrescentar ao juízo de Krishnamurti, que classifica de "superstição cruel o homem precisar de carne na alimentação".[48] O respeito generalizado pela dignidade da vida e o amor abrangente pela Criação excluem o consumo de carne e vice-versa! Pouco importa que o sofrimento dos animais, nos currais e nos matadouros, fique invisível nos embutidos higienicamente embalados. Não chegaremos à não-violência sem renúncia inclusive nesse ponto. Talvez seja até necessário dizer: principalmente nesse ponto. Aqui surge a oportunidade de demonstrar a nossa solidariedade para com as criaturas mais fracas de Deus; aqui se preserva a verossimilhança de uma imagem da criação, na qual o impulso criador transparece em cada criatura como o espírito da vida. Aqui somos submetidos à prova do amor. Decerto, também no que diz respeito ao mandamento vegetariano, não existe, neste mundo, nenhuma vida em estado de pureza e inocência. Mediante o emprego de diversos produtos animais, nós continuamos presos ao ciclo do uso de animais mortos: fato que torna ainda mais importante questionar esse ciclo naquilo que é decisivo e perfeitamente possível a todo ser humano, ou seja, no consumo de animais por prazer.

"Por que eu, que sou feliz não sendo perseguido, hei de perseguir ou deixar que persigam outras criaturas?

Por que eu, que sou feliz em liberdade, hei de prender ou deixar que prendam outras criaturas?

Por que eu, que sou feliz quando não me impingem sofrimento, hei de impingir ou deixar que impinjam sofrimento a outras criaturas?

Por que eu, que sou feliz não sendo ferido nem morto, hei de ferir, matar ou deixar que firam ou matem outras criaturas para mim?

Não é natural que eu não deixe acontecer às outras criaturas aquilo que não quero que me aconteça? Não seria muito vil da minha parte fazer tal coisa, em nome de um pequeno prazer, à custa do sofrimento e da morte alheios? Que ser humano sensato ou nobre há de derivar do fato de essas criaturas serem menores ou mais fracas o direito de abusar de sua pequenez ou de sua fraqueza?

Não é verdade que o maior, o mais forte, o superior sempre deve proteger as criaturas mais fracas e não matá-las ou persegui-las?"[49]

A longo prazo, porém, nós só nos desenvolveremos rumo a uma verdadeira parceria do homem com os animais, como habitantes deste planeta, quando aquele deixar de ver estes como uma matéria-prima que se reproduz e de usá-los como tal. Na negligência, sobretudo para com as mais ínfimas formas de vida, brotam praticamente toda injustiça e praticamente todo abuso na criação e abate de animais com fins lucrativos e comerciais. Sempre que o dinheiro é colocado em primeiro plano, o cuidado, o respeito, o amor e a não-violência são as vítimas fatais. Ainda tardará gerações — supondo que o queiramos — para que os sistemas econômicos da Terra passem pelas transformações necessárias. Homens e animais podem e devem ter utilidade uns para os outros. Tudo é questão de reciprocidade, de garantia de condições de existência que valorizem mais a vida e de uma atitude de não-violência. Mas também é uma questão de critério e resignação.

As plantas são uma matéria que se reproduz; ademais, seu ser e seu valor próprios oferecem os meios fundamentais da nossa existência: como os medicamentos, o alimento, a roupa, a ração, o material de construção. Todavia a utilidade que elas têm para os homens e os animais não se opõe basicamente ao espírito de não-violência. Desde que saibamos ver, reconhecer, valorizar e prezar sua unicidade, sua variedade e sua beleza, contanto que saibamos acolhê-las e respeitá-las como parte da malha da vida, não lhes dispensaremos nenhum tratamento irresponsável, não as exploraremos. Terá respeito por elas aquele que for capaz de ver a força milagrosa da vida operar na flor, na árvore e na espiga que cresce. E, cheio de reverência, nelas há de reconhecer as filhas dos elementos — da terra, da água, do ar e do sol — e nelas há de prezá-los.

Na atitude de vida de não-violência, desfaz-se a diferença entre o próximo e o distante, o visível e o invisível, o encoberto e o ostensivo. As relações se manifestam na certeza de participar do processo vital abrangente e do nome "Terra". O significado do comportamento sempre extrapola as conseqüências para nós diretamente perceptíveis e reconhecíveis. Mesmo que eu não veja as conseqüências diretas e indiretas, mesmo que não me inteire dos efeitos sobre os meus semelhantes e o mundo que nos rodeia aqui e na distância, no comportamento adequado comprova-se uma atitude de vida ecológica digna desse nome.

A não-violência começa no espírito ou: a realidade e a força dos nossos pensamentos

No curso natural da prática cotidiana, só excepcionalmente tomamos consciência da preparação e da execução do nosso fazer. Pensar o pensar é um exercício escassamente praticado e uma arte subdesenvolvida. No entanto, praticamente tudo quanto o homem faz tem origem no espírito, nele se desenvolve e nele amadurece para a ação — inclusive o ato impulsivo, movido pela emoção. Tanto quanto os sentimentos e as percepções, os pensamentos apresentam fatos reais, *são* realidade e *geram* realidade. Nas regiões invisíveis do universo do pensamento humano, surgem e desaparecem as estações de nascimento do futuro. Todo pensamento bom e mau, todo pensamento inteligente e tolo participa da tecedura desse futuro; mas também toda irreflexão, todo querer e não querer impensado. Abraham Joshua Heschel escreveu sobre a eclosão da II Guerra Mundial:

"O advento do conflito não foi uma surpresa. Foi a conseqüência há muito esperada de uma catástrofe espiritual [...] Os estrondos das bombas em Roterdã, Varsóvia e Londres não foram senão ecos de pensamentos criados durante anos por cabeças isoladas e, mais tarde, recebidos com aplauso por povos inteiros."[50]

Quando hesitamos em aceitar a avaliação segundo a qual a atual situação do planeta deve ser encarada como conseqüência da ação de poderosíssimas construções mentais destrutivas do homem, o mínimo que se pode constatar é: pensar parece estar fora de moda, e a irreflexão floresce plenamente. Do contrário, não estaríamos onde estamos e o mero conhecimento teria impedido certas coisas e possibilitado outras.

O pensamento precede toda mudança. O espírito de não-violência e o exercício da violência na ação física, ambos se formam na esfera do pensamento, no âmbito do espírito. Não é com o conhecimento superficialmente assimilado, e sim com a nossa própria contribuição intelectual que nós avançamos a medo rumo à disposição pacífica. Então começa a luta da qual tudo pode resultar — até mesmo o fomento do amor, dos sentimentos bons e belos, das forças do coração.

No espírito de não-violência não mora nenhum pensamento nocivo; nele, renuncia-se ao desejo de praticar a violência contra outras vidas. Os juízos surgem cautelosamente a partir do controle dos pensamentos e das palavras, do olhar desprovido de preconceito pelo que está diante de nós, seja uma pessoa, seja uma situação. No espírito de não-violência, já não prevalecem as emoções nem a hesitação. Ele se apóia numa sabedoria milenar. E esta se nutre da experiência de que os pensamentos maus e os conceitos negativos têm um efeito danoso sobre o conjunto do clima espiritual, de que, por si sós, eles podem prejudicar aqueles a quem se dirigem e também aqueles que os têm, influenciando-lhes a substância do pensamento, a disposição e as manifestações exteriores na mímica, nos gestos e nos hábitos. A Bhagavad Gita definiu a não-violência pensada como um asceticismo espiritual:

"A bondade do espírito, a amabilidade, o silêncio, o autodomínio, a pureza do ser são definidos como asceticismo espiritual." (Cântico XVII, 16).

Este se vincula ao asceticismo do discurso: "Não falar com excitação, que é verdadeiro, agradável e amigável, e o reiterado estudo de si mesmo [...]" e ao asceticismo físico: "Pureza, retidão, abstinência, não-violência [...]" (XIV e XV).

O pensamento e a percepção se entrelaçam numa íntima correlação. Tanto as percepções sensíveis (a visão, a audição, o olfato, o paladar e o tato) quanto as supra-sensíveis e intuitivas podem ocorrer, em princípio, sem se fixar nos processos da fala e do pensamento, e, conforme a experiência, isso se dá regularmente no nosso dia-a-dia. Todavia, a categorização, a classificação, a avaliação e a organização afetiva das percepções baseiam-se em fenômenos do pensamento e na denominação conceitual. Só a relação espiritual com o percebido determina-lhe o significado. E os significados, que nós distribuímos, têm o efeito de orientar, selecionar e impregnar as percepções futuras. Procuramos evitar ou suprimir o desagradável e o doloroso; o conhecido tem mais chance que o desconhecido de passar pela eclusa da percepção. Os homens são — também na percepção — escravos do hábito. Mas este não se limita a orientar a percepção; sua influência é mais profunda. Quem não treina a visão enxerga apenas superficialmente. Detecta um tom azul ali onde um tintureiro experimentado consegue distinguir entre diferentes azuis; vê apenas neve onde um esquimó é capaz de perceber definições e qualidades precisas de cor. Quem não treina o ouvido, ouve apenas superficialmente. Não distingue o canto do melro em meio ao gorjeio dos pássaros, e, no ruído monótono do trânsito, o sussurro do vento não lhe chega ao ouvido. O mesmo se passa no paladar, no olfato e no tato. Mas o mesmo também se passa nos nossos órgãos interiores dos sentidos, nos "olhos" e nos "ouvidos" da alma e do coração, e se passa enfim na interação da percepção sensível com a intuitiva, na da parcial com a do todo.

O espírito de não-violência precisa da abertura, da diversidade e da profundidade da percepção para se desdobrar e, por seu turno, estimular o fenômeno da percepção. Quem vive nesse espírito não pode deixar de ver o sofrimento com que depara e não fecha os olhos e os ouvidos para o que está diante dele, seja um homem, um animal ou um vegetal. Da perspectiva da não-violência faz parte a perspectiva da vítima: enxergar a vítima e enxergar com os olhos da vítima. Só assim nos tornamos capazes de perceber sensivelmente e, ao mesmo tempo, de aperfeiçoar a capacidade de análise — no que se refere à causa do sofrimento. Só nessa perspectiva ficarão suficientemente nítidas as relações mútuas e as dimensões das diferentes manifestações de violência, numa sociedade, e só assim se revelam as conseqüências concretas das manifestações de violência estrutural, de resto invisíveis. Desse modo permanecemos no caudal da transformação necessária e na adequada adaptação de nossas imagens interiores, de nossas estruturas mentais e de nossas noções de valor. Desse modo ficamos em condições de primeiro perceber, sempre perceber uma vez mais, para depois avaliar.

A percepção, no espírito de não-violência, é um procedimento consciente e aguçador da consciência. Não se limita à compaixão, mas leva ao conhecimento. E enfim recebe, reconhece e define a medida do fazer. Não ocorre passivamente: entra em cena e molda.

No espírito de não-violência, a percepção também é um exercício de tolerância. A partir da perspectiva do outro, nós o reconhecemos, por um lado, como alguém que participa conosco da grande malha da vida; mas, por outro, também o vemos em sua singularidade e no modo fundamental e essencialmente diferente de mim pelo qual se apresenta: em sua percepção, em seus hábitos, em seu caráter ou única e simplesmente em sua forma de existência.

A mudança de perspectiva é essencial à percepção no espírito de não-violência. Isso inclui a visão até certo ponto diferenciada do fato. Observar a vida da perspectiva do pássaro e meditar, vê-la e acompanhá-la da cabine de uma nave espacial — isso ajuda, sempre que nos voltamos para o outro, a não perder de vista o contexto, a reconhecer e aceitar as leis superiores da vida e do desenvolvimento e a não nos deixarmos asfixiar pela compaixão e pelo sentimentalismo.

Ademais, a perspectiva da vida que está diante de mim e a perspectiva do contexto e do acontecimento diferentes atendem à necessidade inalterável do espírito de não-violência de relativizar minha própria personalidade na autopercepção, na suposta percepção alheia e nas situações de ação. Só quem está em condições de se abstrair da absolutização do seu eu escapa à ilusão da visão e do julgamento egocêntricos do mundo e da divisão auto-referente entre bom e mau, amigo e inimigo, superior e inferior. Frente ao julgamento que decerto sempre dá a impressão de ser inevitável, coloca-se o reconhecimento e a aceitação do diverso como parte da comunidade maior.

Reconciliação com o lado obscuro da alma

A verdadeira abertura, na percepção, e a capacidade de mudar de perspectiva requerem uma elevada proporção de liberdade e força interiores. Só consegue se aproximar do "tu", no espírito de não-violência e em atitude compreensiva, aquele que está em paz com o seu próprio "tu" interior. Pois o outro, o diferente e o irreconciliável já existe dentro de nós. Apresenta-se na forma de limites que determinam o nosso ser, de forças adversas que se formam em nós, de lados sombrios e hostis que buscam controlar o que pensamos, sentimos e fazemos. Aqui começa o trabalho: na força e na fraqueza interiores. O espírito de não-violência tem de lidar primeiramente com nossos próprios calos e feridas, com a consciência de que nós, por mais que nos esforcemos, estamos e sempre estaremos ligados ao processo de destruição, de geração de dor neste mundo. Quem tem excessiva certeza de sua virtude simplesmente carece de virtude. Quem não travou conhecimento com seus próprios abismos e não os sondou cabalmente terá dificuldade para lidar com os dos outros seres humanos ou mesmo para enxergá-los.

O encontro com as sombras do nosso ser exige coragem, assim como a atitude de aceitar nossas próprias imperfeições. Ora, sem essa atitude, como hei de me deparar, de forma compreensiva e conciliadora, com as imperfeições dos demais seres vivos? Como hei de conseguir amá-los como a mim mesmo? A qualquer hora o recalque virá à tona na forma de insinceridade e hipocrisia. No encontro franco e imparcial com os nossos próprios abismos está a chance de sua integração em nossa compreensão da vida e do ser, assim como a de sua transformação. Com uma visão moral, nós colocamos prontamente as nossas sombras na categoria do mau ou do ruim. Já a visão da liberdade detecta nelas, antes de tudo, a energia que, de um modo ou de outro, se ajustará e inclusive dará uma contribuição para a cura e a superação dos limites interiores. Carl Gustav Jung disse: "Ninguém se torna claro imaginando a claridade, e sim tomando consciência da escuridão."[51]

A ausência de contradição é considerada um grande bem no cânone tácito das virtudes. Ora, sem contradições a vida é impossível e não há desenvolvimento, mudança nem amadurecimento pessoais. Desse processo de amadurecimento faz parte saber ver e confessar os próprios erros. De nada serve fixar-se nos preconceitos e apegar-se às opiniões, o que importa é a mudança, é o crescimento interior. A vida, no espírito de não-violência, está numa tensão dialética, na qual o eu auto-referente sempre volta a se ajustar às necessidades vitais das outras existências. Assim, uma motivação para a ação sobretudo ligada ao eu, ao proveito próprio e à egolatria pode se transformar em disposição de servir à vida. Sem esse ajustamento, sempre seremos dominados pelos interesses próprios e imediatos e, assim, o chamado caminho da virtude corre o perigo de se converter em agressão moral. A intransigência na orientação e nos critérios próprios é filha do orgulho. Mas o orgulho é inimigo da fraternidade.

A maior parte dos descaminhos da humanidade procedem da ignorância, da falta de disposição de aceitar a mudança, da compulsão à fixação, à conservação e à multiplicação do fixado. A postura do ter é destrutivamente agressiva, e precisa ser, pois sempre há algo a ser defendido: as coisas, os "bens" vivos, as pessoas, as idéias e as ideologias. O apego excessivo faz sofrer: tanto aquele que se apega quanto a vítima da ambição e da ignorância. A ambição e a não-violência se repelem mutuamente. A simplicidade vai ao encontro do *ahimsa*, cobiçar pouco preserva a liberdade de servir, de estar ali onde a malha da vida exige. Num presente em que os processos de reificação e compulsão consumista têm um poder tremendo, é evidente que, sem um novo asceticismo, não se pode vislumbrar o ideal da liberdade interior e da sinceridade. Toda renúncia consciente, na espiral da cobiça, do ter, do apegar-se, abre de imediato uma brecha nesse mecanismo de poder e permite graus parciais de liberdade. Toda renúncia redefine a medida que estabeleço para mim, é já uma mudança e me liberta e afasta do meu eu. O amor à liberdade interior e cada atitude de renúncia abrem caminho para o amor pelos outros seres vivos e pelos outros homens. Quem provou a liberdade interior já não pode ser privado dela, por essa liberdade ele também liberta o ente querido, coloca-se a serviço de sua luta pela liberdade.

Paz com a morte

A nada os homens se apegam tanto quanto à própria vida. O apego excessivo encontra aqui uma expressão inexorável. O horror à morte parece insuperável. Sobretudo hoje em dia. Pois a morte significa não só a perda da própria vida como também a de todas as coisas e objetificações que parecem dar sentido à vida. Observa-se, no presente, uma fuga individual e coletiva da morte que impregna profundamente a nossa cultura. Ela se tornou como que uma nossa sombra coletiva que leva, entre outras coisas, a que nos comportemos, ecologicamente, como se fôssemos imortais e não tivéssemos descendência. O resultado é que passam a retirar os órgãos dos recém-falecidos ou muitas vezes de pessoas ainda vivas a fim de corrigir os "defeitos" próprios por meio do transplante, cultivam-se embriões de animais e inclusive de seres humanos única e exclusivamente para servirem de peças de reposição para os doentes. E quem quiser continuar impondo ao mundo o seu ser exterior, mesmo depois de morto, deixa-se clonar. Em tais desenvolvimentos, manifesta-se toda a alienação do homem com relação ao seu corpo e, mais profundamente, com relação à natureza. Quem se recusa a aceitar a decadência externa como parte do processo natural e componente da transformação recorre a próteses do ser arrebatadas de outros seres e de outras consciências, recorre a processos aos quais não tem direito de recorrer. Assim, toda a malha da vida fica perturbada; assim, prolonga-se artificialmente aquilo que já acabou; assim, retira-se a força que falta ao novo, ao que quer chegar. Enfim, quem não entende a morte como preservadora da vida não pode entender a vida. E seu temor à morte há de ser invariavelmente destrutivo — destrutivo para si mesmo e para todos os outros seres, destrutivo a ponto de violentar brutalmente, até a morte, os outros seres vivos.

Se um dia conseguir vencer a morte pela manipulação do código genético e da arquitetura biogenética, o homem terá vencido a vida. Então, ocorrerá a estagnação do processo de desenvolvimento e a decrepitude espiritual.

Obviamente, a morte incorpora o golpe insuperável contra o modo de ser da vida consciente. Obviamente, confronta-nos com a dor e o luto. E, quando nos arrebata um ente querido e íntimo, ela nos dilacera, fere-nos profundamente a alma, o coração e a consciência. Tampouco se pode negar que a morte nos impõe uma dor e um sofrimento indescritíveis quando liquida repentina ou violentamente a nossa própria vida ou a dos que nos são caros. Ora, ainda que isso não nos proporcione um consolo espontâneo, não podemos deixar de ver nela o palpitar de um ritmo universal, uma transição, como a do dia para a noite, uma mudança da forma, uma faceta da essencialidade.

Do ponto de vista histórico, a idéia da morte como o mal supremo desenvolveu-se com o surgimento do individualismo. A supressão de uma existência viva, na malha do ser universal, confere ao indivíduo um significado absoluto na sensibilidade subjetiva, configurando-se a morte como o *fim* ou, quando muito, como a esperança de uma vida posterior — também concebida em termos individuais — inclusive na antiga corporalidade e na antiga envoltura. Ken Wilber é incisivo ao contestar essa visão:

"A sensibilidade do eu, enfim, é ilusória, é um produto simples da limitação, motivo pelo qual também a morte, em última instância, é uma ilusão complexa [...] Quando morre a sensibilidade do eu, o que desaparece não é um ser real, e sim um mero limite, um limite que nunca foi real, que sempre foi imaginário. Porém, quando cria a ilusão do eu e de seus limites, o indivíduo nada teme mais que a sua dissolução, aspira à imortalidade e ao cosmocentrismo simbólicos."[52]

Segundo Wilber, com a mudança do eu para a consciência transpessoal, a morte fica anulada. Todavia parece-me imperioso observar aqui que a consciência transpessoal, entendida como vínculo, não se opõe à consciência do eu. Esta faz parte de nós enquanto seres humanos. Decisiva é a sua *religação* à consciência transpessoal, ou melhor, à consciência da transcendência e, com ela, o comprometimento e a disposição de servir do eu. Se, como Wilber, encararmos este último como mera ilusão, retiramos facilmente o fundamento da necessidade de desenvolvimento pessoal e, assim, a nossa possível contribuição para o todo universal. O eu passa a ser um perigo na forma de individualismo e egocentrismo; permanece envolto, ligado, subordinado e transcendentalmente reduzido à centelha divina.

Entre lamentar a morte e denunciá-la como "mera ilusão", há uma terceira possibilidade. A de encará-la como o fim de um trecho, mas não de todo o caminho; como ponto culminante e transição, mas não encerramento definitivo; como eliminação de limites reais e mergulho num novo caudal do ser e da consciência. Enfim, a morte atende à clara necessidade de dar lugar à vida nova, pessoal, que, com seu desenvolvimento, amplia o desenvolvimento do espírito universal. Em outras palavras: enquanto o individualista perdido na consciência da Terra vê tudo ruir na morte e enquanto aquele que paira totalmente na supraconsciência cósmica procura apresentar a morte como uma aparência, torna-se particularmente importante aguçar a percepção da *realidade da morte como transformação* e mudança mais ou menos súbita. Nela, a transcendência e a imanência se fundem; nela, a consciência recém-egressa do pessoal retorna à corrente da consciência cósmica, e o corpo formado de matéria interestelar volta a se converter em matéria interestelar, em nutriente na malha da vida. Nós nos transformamos, concluímos uma determinada fase, mas não podemos morrer! Tornar isso uma certeza íntima é um ato poderoso de reconciliação com nós mesmos, com a nossa presença e com os processos vitais que nos rodeiam. Essa reconciliação é o requisito de nossa libertação das coerções do cotidiano e, assim, o pilar de sustentação do espírito de não-violência.

A comunicação como participação mútua

O que fazemos e deixamos de fazer, o que dizemos e o que calamos, o modo como nos apresentamos e nos comportamos, tudo é comunicação. Viver é comunicar. Cada olhar, cada gesto consciente ou inconsciente, cada expressão facial e cada postura física são informação, exprimem alguma coisa. O espírito de não-violência está essencialmente relacionado com a prática da comunicação, tanto quanto os conflitos violentos entre as pessoas, os grupos humanos e os Estados resultam da comunicação fracassada, negada ou violenta/injuriante. A arte da diplomacia, reduzida à sua expressão mínima, pode ser definida como a elevada arte da comunicação. Por conseguinte, a comunicação incorpora bem mais que a mera troca de informações ou dados. Está ligada à totalidade do ser-pessoa e, quando é bem-sucedida, é também participação. Aquele que comunica participa alguma coisa ao(s) interlocutor(es). A mensagem é compartilhada — a sua e a minha —, e compartilhados são a mímica e o gesto, compartilhada é toda a presença. A comunicação como participação envolve o conjunto da situação social e psíquica, assim como a correspondente presença. Das partes do pessoal e do comum é que surge, na situação, o todo do conteúdo da informação.

Que requisitos devem ser preenchidos para que a comunicação pacífica e a comunicação como participação se realizem?

A veracidade

O mandamento do amor à verdade e do discurso veraz figura nas escrituras de todas as religiões. Sem a coragem de dizer a verdade e sem o pensamento, o discurso e o comportamento verazes, toda forma de convivência soçobra ou nem mesmo chega a existir. Por mais evidente e mais antigo que seja, esse conhecimento precisa ser reiteradamente enunciado e exercido como prática de vida em cada época e em cada geração. Isso nem sempre ocorre sem dor, pois a verdade pode machucar — a mim e ao próximo — e, para pensá-la e formulá-la, muitas vezes é necessário um esforço enorme. Mahatma Gandhi:

"Acreditai quando eu, com uma experiência pessoal de sessenta anos, vos digo que a única verdadeira desgraça é sair do caminho da verdade. Quando compreenderdes isso, a vossa oração sempre há de pedir a Deus que vos dê força para suportar com firmeza toda provação e todo rigor que encontrardes na busca da verdade [...] A verdade nunca prejudica uma causa justa."[53]

A pureza e a clareza da linguagem fazem parte da verdade; as palavras vazias, os boatos e a conversa fiada estão a meio caminho da mentira. E, neste contexto, faz parte efetiva da arte da comunicação pacífica não abrir nenhuma nova ferida em nome da verdade. Há uma grande margem de manobra entre reconhecer a verdade, evitando a sua distorção, e a necessidade de proferi-la de fato. Não é preciso jogar o fracasso na cara daquele que fracassou e sabe disso. Não é preciso confrontar uma vez mais os injuriados e decepcionados com a sua situação. Tais verdades, quando ditas, não curam nem fazem progredir o conhecimento e o comportamento. Não obstante, há uma tolerância equivocada no âmbito da comunicação. O esforço de não magoar as pessoas que se mostram constantemente vulneráveis, hipersensíveis e suscetíveis não só outorga a elas um poder desmedido — sobretudo nas situações de grupo — como também leva a crônicas situações de conflito.

Ouvir

Na nossa sociedade, as pessoas que procuram desenvolver a capacidade de comunicação aprendem, nos cursos de oratória ou de línguas, a expressar-se de acordo com a situação específica. Mas só raramente despertam para a necessidade de aprender a ouvir corretamente. Em nossa época dominada pela palavra, pelo som e pela imagem, o ouvir tornou-se um elemento quase esquecido da comunicação.

Ouvir bem exige mais que simplesmente calar. Exige respeito pela outra parte, exige aceitá-la e recebê-la totalmente. Eu lhe dou a entender que estou presente para ela, que me calo totalmente para poder ouvi-la e compreendê-la totalmente. Ouvir totalmente implica calar totalmente. Também deve calar-se a conversa interior, também deve calar-se a avaliação íntima do que se diz, também deve calar-se a argumentação interior quando o interlocutor está falando. Semelhante silêncio equivale a dizer sim ao outro; semelhante silêncio significa ouvir com a alma. Só esse silêncio dá sentido ao discurso e o devido peso à palavra do outro.

Franqueza e ausência de domínio

Quem comunica não exige nada. Ele compartilha, ouve e recebe. Encara a comunicação como parceria efetuada, mesmo que, no fim, os caminhos voltem a se separar. De nada lhe serve a superioridade pela posição social, nível de instrução ou capacidade de articulação, e ele não ergue nenhuma barreira de comunicação visível ou invisível. A comunicação no espírito de não-violência nada quer do interlocutor. Numa dissertação sobre a conversa, Albrecht Goes escreveu em 1954:

"Assim como só vemos bem uma floresta quando não a queremos comprar, desmatar ou fotografar, só conseguimos superar os obstáculos à nossa palavra quando nenhuma intenção nos restringe ou confunde. A verdadeira conversa [...] diz respeito pura e simplesmente a você e a mim, não a algo de você ou de mim [...] não a um amor enredado numa intencionalidade — que só ele reconheceria [...] Portanto a conversa não quer que o parceiro seja nem se torne diferente do que é."[54]

Dar o primeiro passo

Antes de realizar a comunicação pacífica, é preciso torná-la possível. Sempre que houver imagens hostis à franqueza, são elas que devemos trabalhar. E, em face do encontro pessoal, precisamos aprender a ouvir dentro de nós, a detectar exatamente as causas e justificativas das imagens hostis, a descobrir as projeções, a sossegar as emoções. A relação com quem está diante de mim precisa ser construída com delicadeza e cuidado, precisa crescer interiormente antes do primeiro passo na direção do outro. Sempre que houver dissonâncias, a atitude de não-violência torna esse primeiro passo inevitável.

"Portanto, se estiveres para trazer a tua oferta ao altar e ali te lembrares de que o teu irmão tem alguma coisa contra ti, deixa a tua oferta ali diante do altar e vai primeiro reconciliar-te com o teu irmão [...] Assume logo uma atitude de conciliação com o teu adversário, enquanto estás com ele no caminho [...]" (Mateus 5.23-25).

Se Abel tivesse voltado os olhos para o invejoso Caim... Quando as frontes começam a endurecer, só o primeiro passo ajuda, só a tomada de contato e a disposição incondicional de aceitar o outro e de resolver o conflito ajudam, por menores que sejam as possibilidades. Lembremo-nos: Jesus acolheu o próprio Judas, que pretendia traí-lo, e com ele dividiu o pão, o vinho e as palavras, inclusive lavou-lhe os pés como os dos outros apóstolos (João 13.1-15). Que demonstração de comunicação em palavras e atos, que esforço de conciliação!

Diálogo em vez de debate

As pessoas se esbarram na mídia, na televisão, no rádio, na imprensa, na Internet a fim de abordar um tema, uma questão, em comum, mas dificilmente consegue-se detectar uma comunhão. Prevalece a disputa: um tentando impor sua opinião ao outro. O que ocorre — da mesa de bar às instituições de ensino e ao seio da família — é uma luta. O objetivo supremo consiste em afirmar os argumentos próprios e, com eles, o interesse próprio. Como é diferente a conversa pacífica! Os que dela participam querem se encontrar, não dar lições. Querem abrir-se existencialmente uns diante dos outros, uns para os outros, e aceitar-se mutuamente, permitir as possibilidades de expressão do interlocutor e ajudá-lo a desenvolvê-las.[55] Em vez de regatear e buscar melhorar a posição própria, os que se encontram vêem-se em sua alteridade e a reconhecem como um direito. Essa tolerância básica, longe de limitar, mantém, na medida do possível, o parceiro no diálogo.

O trabalho nessa cultura da comunicação progrediu muito na segunda metade do século XX. Foi particularmente o surgimento de diversos movimentos de meditação que aumentou o interesse pela prática de modos de comunicação pacífica, livre de domínio, impregnada de franqueza e afinidade. Um caminho é o que remete ao conceito de "diálogo" do físico David Bohm (1917-1992). Graças a ele, é possível examinar os processos que dificultam ou perturbam a verdadeira comunicação entre os homens, entre os membros de uma organização ou mesmo entre as nações.

"O diálogo permite que um grupo de pessoas chegue às bases das condições, das idéias, das convicções e dos sentimentos individuais e comuns que determinam inconscientemente seus relacionamentos [...] No diálogo surge a possibilidade de observar como os juízos de valor e as intenções determinam o nosso comportamento."[56]

Conscientemente, o diálogo não é uma forma de discussão ou debate, e sim uma plataforma para os processos de experiência e aprendizado, uma atividade grupal visando ao restabelecimento das relações de comunicação em nossa cultura.

Um princípio importante consiste em possibilitar o livre fluxo de sentido e significado, por parte dos membros do grupo, e testá-lo progressivamente. Do ponto de vista etimológico, "diálogo" quer dizer por meio do significado (*dia*) e da palavra (*logos*).[57] O livre fluxo do sentido, sem privilégio temático e inicialmente sem objetivo definido, possibilita a auto-organização de campos de significado comuns, específicos do grupo — campos de significado estes que, sendo óbvios na origem, mostram, para além do grupo, uma relevância mais fundamental. No processo de diálogo, os velhos rituais de conversação adquirem novo significado. A pedra ou o bastão que o falante tem na mão assegura-lhe o direito exclusivo à palavra. E lhe assegura toda atenção e concentração interior, ajuda-o a ser verdadeiramente escutado. E o guizo que todo interlocutor pode tocar a qualquer momento, a fim de interromper o processo de conversação, dá ao todo do grupo uma pausa para pensar e elaborar. O diálogo também favorece a desaceleração do processo discursivo, a melhora das condições de reflexão, inclusive sobre os próprios sentimentos, percepções e motivações.

No caminho de uma nova cultura de comunicação sem violência, há muito ainda a ser descoberto. A comunicação por si, sem objetivo definido, corresponde à meditação sem palavras, sons ou imagens. Em ambas trata-se, enfim, de deixar acontecer, de ter confiança na auto-organização dos processos transcognitivos e transcendentais. O espírito conta com espaço para se fazer notar e para desdobrar-se pessoal e transpessoalmente.

Tolerar acusações

Quando os outros nos atacam, acusam-nos, caluniam-nos ou nos rejeitam, todo o nosso comportamento pacífico desaba. Atingidos, porque afinal de contas continuamos sendo indivíduos e nada colocamos acima de nosso amor-próprio, nós nos defendemos e reagimos. No entanto, muitas vezes, a reação atiça o fogo da discórdia e da subseqüente violência verbal e, possivelmente, do conjunto do comportamento. Perante a inveja e a vontade de ferir, nenhuma argumentação ajuda. Aqui, assim como nos julgamentos preexistentes, a melhor maneira de preservar a comunicação pacífica é, em caso de dúvida, pela tolerância. "Aceitai a exprobração com reverência", aconselha o *Tao Te King* (13). E sobre as acusações contra Jesus perante o Sinédrio e Pilatos, lemos no evangelho de Marcos:

"Alguns, levantando-se, davam falso testemunho contra ele: 'Nós mesmos o ouvimos dizer: Eu destruirei este Templo feito por mãos humanas e, depois de três dias, edificarei outro, não feito por mãos humanas'. Mas nem quanto a essa acusação o testemunho deles era congruente. Levantando então o Sumo Sacerdote no meio deles, interrogou a Jesus, dizendo: 'Nada respondes? O que testemunham estes contra ti?' Ele, porém, ficou calado e nada respondeu" (14.57-61). "E os chefes dos sacerdotes acusavam-no de muitas coisas. Pilatos o interrogou de novo: 'Nada respondes? Vê de quanto te acusam!' Jesus, porém, já nada mais respondeu, de sorte que Pilatos ficou impressionado" (15.3-5).

Fiódor M. Dostoiévski (1821-1881) retoma esse tema no romance *Os Irmãos Karamazov*. Fazendo com que Jesus volte à Terra no século XVI, confronta-o com o velho cardeal, o grande Inquisidor. E este, em seu monólogo vertiginoso, censura-o por não corresponder à natureza humana em seu evangelho, em suas palavras e em seus atos, por ter criado uma heresia de efeitos devastadores.

"Ao concluir, o inquisidor calou-se e aguardou por um momento a resposta do prisioneiro. Seu silêncio pesava-lhe. O prisioneiro o ouvira o tempo todo, fitando nele um olhar penetrante e calmo, visivelmente decidido a não lhe dar resposta. Mas o ancião queria que ele lhe dissesse alguma coisa, ainda que fossem palavras amargas, palavras terríveis. De súbito, o prisioneiro se acercou e, em silêncio, beijou-lhe os lábios pálidos. Foi essa a sua resposta. O ancião estremeceu."[58]

Como tornar-se um com o outro
Na doutrina de Buber do "Tu e do Eu", do princípio dialógico, do "colóquio", o homem passa, por meio do reflexo, do tu para o eu. Desse modo, ele começa finalmente a compreender que o seu eu passa a existir no mundo e que só a partir deste ele pode se identificar inteiramente. E não só percebe que ele passa a existir no mundo, como também que o mundo passa a existir nele. Praticamente, ele está estabelecendo um diálogo universal. O aqui, tal como no mencionado processo de diálogo a partir do homem e para ele concebido, necessita pois ampliar-se no cenário do vínculo de todas as formas de vida. O encontro e a comunicação pacíficos do ser humano com o mundo que o rodeia e coexiste com ele realiza-se nos quatro níveis do tu.

Nível 1: O homem se depara com o tu na Criação: nos minerais, nos vegetais, nos animais, nos elementos e nos astros. Esse encontro com a fraternidade de tudo quanto foi criado e se transforma é a base do reconhecimento e do respeito do valor de todos os seres. E, nesse encontro, ele conhece a parceria de todos os seres. É com reverência que se defronta com a árvore aquele que deseja entender a linguagem das raízes e do celestial impulso da liberdade. É com humildade que ergue as mãos para o céu aquele que quer receber, com a luz das estrelas, a mensagem da infinitude. É com amor que olha para os bichos aquele que quer ler nos olhos deles a noção de nostalgia. Com reverência, humildade e amor, aceitamos o contato e o encontro, ingressamos na fraternidade universal.

Nível 2: O homem encontra o tu nos outros homens. Nesse encontro com o semelhante e no reconhecimento do modo de ser do outro, experimenta a libertação para si e para o conjunto de sua espécie.

Nível 3: O ser humano se depara com o tu no mundo divino. Nesse encontro, com a origem e o destino de sua nostalgia, com o donde e o aonde do seu eu e de todos os seres, seu orgulho é questionado. Ele reconhece suas possibilidades e tudo o que está ao seu dispor, vê aquilo que lhe é infinitamente superior e do qual, ao mesmo tempo, ele faz parte. Na comunicação com o tu divino, serve de linguagem o espaço de acolhida e o silêncio.

Nível 4: Na experiência do encontro com a Criação, com os outros homens e com o divino, o homem se depara com o seu próprio tu interior, a base mais íntima do seu ser, que está ligada a todos os outros seres, que é uma coisa só com eles. Só o encontro consigo mesmo, com o seu eu, torna-o um ser humano integral, livra-o de ser fragmentado, desamparado, impotente e abjeto. No encontro com o eu, ele se reencontra com todos os outros, até o núcleo do divino, que também é o dele.

A importância do exemplo: a educação no espírito de não-violência

Existem muitas concepções pedagógicas, numerosos testes e experiências práticos, inclusive a educação pacífica. Em parte, esses caminhos se distinguem consideravelmente nas bases teóricas e nos métodos. Não se trata de compará-los e julgá-los aqui. À luz do que venho expondo como prática de não-violência, os seguintes aspectos me parecem fundamentais e indispensáveis ao que denominamos educação:

Justamente porque o educando ainda está em processo de desenvolvimento e amadurecimento, importa mais o exemplo vivido que a mera palavra. Tudo depende do exemplo. As exigências dos que trabalham com jovens ainda em estágio prematuro de desenvolvimento e formação devem ser perfeitamente congruentes com sua prática pessoal. Mais relevante que a palavra é o exemplo vivido. As crianças não percebem nada mais depressa que a discrepância entre as exigências sobre os demais e a coerência daquele que as impõe. E para nada têm elas mais sensibilidade, no processo de educação, que para a hipocrisia e a desonestidade. Na educação no espírito de não-violência, o fundamento central também se acha em nós mesmos, no grau em que estamos interiormente maduros para a verdadeira disposição pacífica. Assegurado isso, podemos, no cometimento da educação, ingressar no do encontro. Então as ameaças, como *ultima ratio*, tornam-se não só contraproducentes como também desnecessárias; então é possível opor-se aos comportamentos e atitudes negativos, não mediante a luta contra eles, mas por intermédio daquilo que, nas palavras de Spinoza, é "o despertar de um novo amor e de uma nova força para a virtude".[59]

Quando o jovem sente a segurança de um amor isento de violência, que se manifesta sem ameaça ou intimidação, no qual ele se sente aceito inclusive quando precisa responder pelos erros cometidos, desenvolve-se uma relação de confiança, na qual a transparência do amor e da virtude tem um efeito muito mais poderoso que qualquer coação. A pressão gera a evasão, a submissão, a autodestruição e a contrapressão. Sob pressão, a delicada planta da identidade não consegue florescer. A necessária transparência, na educação pacífica, resulta do exemplo, da afirmação dos valores e das normas mediante uma vivência concreta, mas seguramente também depende do esclarecimento das conseqüências dos desvios de comportamento e do emprego de meios pacíficos para tornar perceptíveis essas conseqüências. Contudo, nunca se deve ultrapassar o limite além do qual se pode ferir a consciência do amor-próprio. Como um ser humano há de aprender a reconhecer e apurar suas próprias possibilidades se ele, nos estágios importantes de sua vida ainda jovem, experimenta uma rejeição básica ou se vê basicamente questionado? Sem dúvida, no presente, com as incríveis possibilidades de desvio, fuga e comportamentos autodestrutivos, é imprescindível mostrar e impor limites — a missão cardeal da educação pacífica que, por sua vez, conduz à não-violência, consiste em orientar e possibilitar a livre e responsável determinação da vontade.

O poder da contemplação

Tudo quanto se disse até aqui sobre o espírito de não-violência remete ao acesso pelo caminho interior. A paz interior também promove a índole pacífica voltada para fora. Para que haja verdade, transparência, sensibilidade, doçura e firmeza, é preciso que se tranqüilize, dentro de nós, a respiração do caçador e do guerreiro. No caminho interior, aprimoram-se as escalas de medida; nele, o encontro com o mundo divino forma e transforma os homens que buscam e cercam o *ahimsa*. De dentro para fora é que desabrocha a flor do respeito e do amor; de dentro para fora é que começamos a ver e a ouvir com os olhos e os ouvidos da alma.

O espírito de não-violência e a escola da vida, na qual se aprende interiormente a ouvir, ver, experimentar e calar perante o absoluto, são uma coisa só. A montanha remota e o solitário deserto, onde amadurecem os derradeiros conhecimentos e se preparam as derradeiras decisões, estão em nós. As fontes de energia que jorram da meditação e da contemplação são inesgotáveis. A inquietude e a falta de paz do nosso tempo conturbado refletem a perda da serenidade, a perda da capacidade de nos soltarmos e de nos voltarmos para dentro. Diz o evangelho dos essênios:

> "Naquele que carece de paz na alma,
> não há lugar para
> construir o templo sagrado;
> pois como pode o carpinteiro trabalhar
> em meio ao vendaval?
> O que semeia a violência não colhe
> senão o desespero,
> e do solo ressequido

não há de brotar nenhuma vida.
Buscai, pois, o anjo da paz,
que, qual a estrela da manhã,
está envolto em nuvem,
como uma oliveira sagrada cheia de rebentos
e como o sol que brilha
no templo do Altíssimo.
A paz mora no coração da serenidade:
sede serenos e sabei, eu sou Deus."[60]

Com muita freqüência, confunde-se o caminho da contemplação, do qual nos ocuparemos extensamente mais adiante,[61] com evasão e adesão à passividade. Pelo contrário, nós encontramos na contemplação a forma suprema do fazer mediante o não fazer no sentido ordinário. Na contemplação, o antigo ego "morre", operam-se mudanças e transformações. O homem que a busca expõe a si mesmo o seu desenvolvimento, com todas as radicais conseqüências, reconhece e norteia-se pelo fato de seu acesso ao mundo alterar-se com o seu eu. Simultaneamente, todo caminho contemplativo conseqüente e duradouro, que não tem origem no narcisismo espiritual, conduz à ação conseqüente também "no mundo".

Calando-nos perante o divino e com ele somos capazes de nos livrar daquilo que tão facilmente domina o nosso pensamento. Nesse silêncio, pode surgir uma nova inocência. Nele rebrota a capacidade infantil de admirar-se. Nele mora a serenidade em face da impossibilidade de tudo compreender, em face do mistério do universo e do fracasso da exeqüibilidade. Por meio da atitude contemplativa transferida para o cotidiano, é possível tornar a experimentar diariamente a Terra, perceber de novo o cosmo e voltar a admirar a beleza da vida. A postura contemplativa é uma atitude de humildade e, ao mesmo tempo, uma expressão de gratidão em face do criado. Acompanham-na a sensibilidade e o espírito de preservação, de salvação e de cuidado. Ela evidencia que, no microcosmo e no universo, tudo está ligado a tudo e nenhuma ferida fica sem conseqüências. Diante dos olhos purificados da alma, toda a realidade se mostra mais clara e nitidamente e, por isso mesmo, às vezes também mais brutal, mais dura e mais irreconciliável. A contemplação torna-nos e conserva-nos vulneráveis, faz-nos transparentes e permeáveis a tudo quanto a vida pode perpetrar contra outras vidas, mas também a tudo que cura e salva. E isto deve ficar claro: tal como no caminho da não-violência em geral, não é só alegria que nos aguarda na contemplação e mediante a contemplação.

A transparência separa — e perdoar não é esquecer

É inconcebível viver sem ferir, e também inconcebível é viver no espírito de não-violência sem desculpar e perdoar. Foi o que se verificou há pouco, como constatamos acima, na nova cultura da África do Sul: que o perdão, por parte das vítimas, mesmo diante dos possíveis pecados dos algozes abre a porta da reconciliação, representa uma ruptura no sentido de superar a injustiça. Ora, o perdão não elimina um fato nem o retira da história. Ele marca, isto sim, o ponto de partida da renovação. E a renovação nasce das experiências passadas. Por isso o perdão não pode e não deve se confundir com o esquecimento. Só o perdão não basta para a justiça. E é na justiça para com as vítimas e, do mesmo modo, para com a vida futura que assenta a convivência pacífica.

O perdão da injustiça exige uma lembrança nítida à medida que é necessário distinguir a vítima do algoz. No âmbito das relações, ele procura o algoz e, no dos acontecimentos, aquilo que continua em aberto para a análise e a elaboração. Fazem parte do espírito de não-violência tanto o esforço de superar a disputa com outro ser humano quanto o de responder à questão de como evitar a injustiça futura. Esse trabalho é muitas vezes dificultado pelo fato de nem sempre ser possível distinguir a vítima do algoz, ou seja, saber até que ponto aquela também é cúmplice deste, e este, também uma vítima. Simultaneamente, a clara atribuição da culpa facilita o processo de perdão.

No perdão, eu respeito a dignidade e o valor de uma pessoa, de um grupo humano ou de um povo, independentemente do delito cometido. Sem perdão, não haveria esperança — inclusive para nós que, sendo humanos, sempre precisamos ser perdoados.

O texto que segue é de Mumia Abu-Jamal, um escritor afro-americano que, tendo sido condenado à morte, está encarcerado na Pennsylvania:

"Para quem vive em condições paradisíacas, tem o que comer e possui castelos, terras, casas, empresas etc., é fácil pregar o perdão. Mas é justo pedir o mesmo àqueles que moram em sórdidos barracos, aos que estão desempregados e são perseguidos pela ameaça da fome, aos que são a própria miséria do mundo? Essa gente deve perdoar os gordos e bem nutridos milionários que decidiram a sua fome? [...] E perdoar-lhes a opressão que ainda há de vir? O genocídio que se prepara? — Senhor, perdoai o que eles fazem, mesmo que seus antepassados venham fazendo o mesmo há quinhentos anos [...] Será que o coração de vocês concorda com semelhante oração?"[62]

É da rebelião interior plenamente compreensível de um suposto delinquente que, ao mesmo tempo, é vítima, que provém essa acusação. É bem verdade que não chega a questionar o fato de que, sem perdão, não há esperança nem possibilidade de retorno e renovação; mas indica que existe um perdão fácil e barato, do qual qualquer um é capaz sem que lhe custe nada e sem que seja preciso enfrentar uma tomada de decisão.

Neste ponto, convém ressaltar que o perdão nada tem a ver com a neutralidade de valores. Ele requer transparência e veracidade, exige que tomemos incondicionalmente o partido dos fracos e dos injuriados, que tomemos o partido da vida pacífica. De nada serve perdoar os malfeitores e os representantes da injustiça se esse gesto não gerar conhecimento e mudança. Portanto, o perdão conseqüente, no espírito de não-violência, inclui a clara delimitação do mal, a proscrição dos que empregam a violência e também a retirada de todo e qualquer apoio a eles. Do contrário, não faremos senão estimular a violência e o mal. Quando a decisão é clara e firme, não há espaço para meios-termos.

Estamos no rumo da não-violência quando abrimos caminho no caos e na desordem, superando-os, sem nos furtarmos ao ponto decisivo, que exige de nós a separação. A atenção, a vigilância, a preservação e o respeito pelo próximo têm valor próprio no caminho da não-violência. Sem dúvida, este nos leva sempre a bifurcações nas quais somos desafiados a lutar pelo bem, desafiados a debilitar o mal, desafiados a viabilizar o desenvolvimento e o crescimento.

Somos capazes de mudar

Hoje em dia, não há nada que a humanidade encare com mais profundo ceticismo que a possibilidade de conter a violência sem recorrer à violência e de se voltar para a totalidade da vida com uma atitude de amor, conciliação e salvação. Esse ceticismo é natural à atitude de capitulação e tem como base uma espécie de sentimento de impotência que, por sua vez, reside na imaturidade e na incapacidade de se desenvolver. Por outro lado, eu não considero essa possibilidade uma armadilha da *hybris*, pois acho fundamentalmente humano sondar e esgotar todas as possibilidades de superar nossas limitações. Afinal de contas, para que somos dotados de sensibilidade, capacidade de amar, espírito e aspiração ao divino? Se nós, seres humanos, somos, em nossa aspiração ao absoluto, a resposta do divino a sua aspiração ao encontro, esse impulso de crescimento inclui necessariamente a compaixão e a benevolência. Levando isso em conta, e sem se furtar à reverência, cada homem, assim como o conjunto do gênero humano, está profundamente comprometido com o seu próprio destino e é responsável por ele. Costuma-se dizer que a hidra do mal tem mil cabeças e cada uma delas é capaz de renascer a qualquer momento. Pode ser. E daí? Graças à sua essência e às suas possibilidades básicas, o bem tem tantas e tão variadas facetas quanto há seres humanos na Terra. Durante quanto tempo se pode impedir parte da humanidade de chegar ao conhecimento de seu próprio poder positivo sobre o destino? Durante quanto tempo hão de permanecer ocultas as sempre existentes possibilidades de voltar atrás? Ocultas não só pelas Instituições da *Sinnstiftung*, elas mesmas muitas vezes estruturalmente comprometidas com o poder — como, por exemplo, as igrejas em certas épocas —, mas também por doutrinas religiosas que procuram conscientemente reduzir e submeter os homens. Cabe mencionar aqui principalmente o mito da queda e do pecado original, a descrição do ser humano como uma criatura frágil, condenada e totalmente à mercê da compaixão divina. Qual uma maldição, esse mito negativo pesa sobre o gênero humano e está profundamente arraigado no solo do inconsciente pessoal e coletivo. No entanto, é possível interpretá-lo de maneira completamente diferente, ou seja, como a história do começo da libertação do homem,[63] como a história não de sua queda, mas do início de sua elevação; como a história não da maldição divina, mas da liberdade e da responsabilidade por Deus concedidas. A árvore do conhecimento nos confronta com a ambivalência da liberdade. Remete-nos à nossa transitoriedade, à nossa mortalidade e ao significado do tempo. Ao saborear o "fruto proibido", o homem se deparou pela primeira vez com o Kairós — como tempo especial, como momento de significado atemporal, tempo do destino, tempo da redenção.[64] Daqui por diante, não é possível senão avançar, passando pelos diversos, necessários e consecutivos estágios da consciência: do inocente arcaico, ao mágico, ao mítico e ao racional, até chegar à consciência integral.[65] Nós, hoje, nos achamos na transição para esse último estágio, mesmo que ainda falte muito para que o homem supere a separação de si mesmo e que continue sendo possível o auto-extermínio da nossa espécie. Nós já aprendemos, vivemos, sofremos o bastante e também conhecemos suficientemente as nossas belas forças para arriscar e conseguir dar o necessário salto evolucionário. A Terra pode ser salva, pode ser conduzida à unidade no espírito de não-violência, e cada contribuição nesse sentido começa com cada um de nós.

5. As contradições permanecem — A firmeza da não-violência

Em qualquer lugar em que viva uma sensibilidade, coloca-se a questão da não-violência. Se não nos mostrarmos dispostos a proteger a vida mais débil com os recursos de que dispomos, tornamo-nos culpados — a não ser no caso de insetos, animais etc. que transmitem doenças. Para medir a atividade do homem na terra é preciso ter a sensibilidade do mais sensível dos seres. Não podemos mais respeitar a lei da seleção do mais forte: nesse processo, o homem provocou uma devastação excessiva, destruiu os mecanismos de autocontrole dos mais diversos sistemas naturais. Por essa razão, hoje a não-violência está a serviço não só do respeito, da reverência e da dignidade, como também do cuidado, da preservação e — sempre que possível — do restabelecimento da biodiversidade. É na diversidade que consiste a essência da criação, é na diversidade que se irradia a vestimenta da mãe Terra. O broto porta a semente da esperança no futuro, semente que precisa ser cultivada pela doçura.

É fácil classificar essa atitude de sentimental e ridícula. Em nossa cultura, face ao horizonte da idolatria dos bens materiais e dos variadíssimos rituais da violência, ela é e já se acostumou a ser assim etiquetada. No entanto, essa atitude gera problemas quando se verificam distúrbios de percepção em virtude da cegueira provocada pela exaltada veneração da natureza, que ignora o caráter contraditório dos próprios processos vitais naturais, o qual Albert Schweitzer denominou autodivisão da vida. Os seres vivos vivem dos seres vivos, isso os separa e os obriga a matar.

Não conseguimos sair dessa falta de significado do significado. Os processos vitais precisam da morte — e isso vale para todas as formas do ser. Querer conservar tudo vivo conduz seguramente à ruína. A essa realidade não escapa nenhuma forma de vida, tampouco a humana. Os limites do crescimento e da expansão são universais. Quando eles são ultrapassados temporal e/ou espacialmente, inicia-se a violência da afirmação e da luta pela sobrevivência e, por último, a do inevitável (auto-)extermínio. Diante do ser natural homem o ser racional homem já não tem muito tempo para aplicar essa verdade à autocontenção. Mas, para tanto, hão de bastar a razão e o amor à atual e à futura vida na Terra. A função de fera guerreira já não tem lugar na nossa espécie.

O espírito de não-violência tem uma dupla responsabilidade. Por um lado, a resultante do caráter imediato do encontro — do homem com o homem, do homem com o animal, do homem com o vegetal, do homem com... —, por outro, a responsabilidade para com o todo e a preparação do futuro. Ambas provêm da força do amor. Porém, como todo amor autêntico, ambas exigem firmeza também.

A tolerância para com a violência e o desprezo pela vida multiplicam o mal. O *ahimsa* precisa da capacidade de lutar. A timidez e a insegurança não tornam nada bom, não impulsionam nenhum processo de conhecimento e reconhecimento. O "meigo" Jesus derrubou as bancas dos mercadores no templo; e, contrariando uma vez mais a etiqueta, em sinal de amor e proximidade, permitiu que uma mulher lhe ungisse os pés com um caro óleo aromático e a defendeu quando os homens presentes criticaram o desperdício.[66] A tolerância para com as circunstâncias da injustiça, do endurecimento e dos ferimentos não tem nenhum valor ético e nenhuma justificativa moral. Na dúvida, diante da negativa está o fato claro.

Não-violência: como essa palavra parece inocente e defensiva quando a ouvimos pela primeira vez! Todavia, nas conseqüências mais amplamente pensadas, nas de maior alcance, ela se transfigura numa radical ousadia e adquire uma qualidade de decisão que só pode ser alcançada com a alma do todo, com a alma da unidade. Devemos renunciar a certas coisas: aos hábitos, ao comodismo e às inclinações, inclusive a perspectivas de vida. Por fim, é inevitável que a nossa própria existência deixe de ser a medida suprema, é inevitável que haja algo mais valioso no sentido do todo, principalmente a visão de uma Criação reconciliada. Sempre que deixamos de avançar rumo ao sonho de não-violência e amor, estamos recuando por força do terror da indiferença e da finalidade da guerra: contra os homens, as criaturas e a natureza, contra o espírito, a forma e o movimento. Desse ponto de vista, só chegaremos à realização, no espírito de não-violência e amor, se sacrificarmos possibilidades nossas. Para iluminar, a vela paga o preço de queimar-se. "Pois é perdendo que o homem ganha [...]", ensina o *Tao Te King* (42).

Não são muitas as linhas de compromisso do amor e para o amor. Uma ética orientada pelas fraquezas humanas e que, a partir delas, estabelece seus critérios não tem utilidade no caminho universal da reconciliação. Recai sobre nós a responsabilidade de ir além das possibilidades com as quais nos temos arranjado e de ampliar as fronteiras de nossa capacidade a fim de desenvolver e, desse modo, levar a sério o nosso oculto potencial superior. Fazem parte dessa aspiração a paciência na prática cotidiana e a disposição permanente de recomeçar do zero, assim como a aceitação fundamental de um SIM fundamental para o nosso estar aqui: por um lado, como um dado definido, por outro, como algo que necessita mudança e desenvolvimento. A não-violência, a reconciliação e a paz não são circunstâncias, são uma luta; não são formas dadas, são um processo.

"Então o lobo morará com o cordeiro, e o leopardo se deitará com o cabrito. O bezerro, o leãozinho e o gordo novilho andarão juntos e um menino pequeno os guiará. A vaca e o urso pastarão juntos, juntas se deitarão as suas crias. O leão se alimentará de forragem como o boi [...] Ninguém fará o mal nem destruição nenhuma em todo o meu santo monte, porque a terra ficará cheia do conhecimento de Iahweh, como as águas enchem o mar" (Isaías 11.6-7 e 9).

Antes da grandiosa paz profética da era messiânica, tal como a descreve o livro de Isaías, vem a orientação para a pequena ação imediata de promoção da paz e da não-violência, que também retira a sua regra básica dessa visão grandiosa. Essa dialética nos conserva simultaneamente capazes de utopia e de ação; pois cada qual se refere ao respectivo outro. Essa dialética elimina uma das características mais perigosas da cultura de massas: o esquecimento; o esquecimento daquilo que foi, o esquecimento e a indiferença por aquilo que é, o esquecimento do futuro possível.

6. O mundo ainda é um vir-a-ser — Não temos tempo para a resignação

A criação vive — e se desenvolve; com todos os ângulos e as arestas do vir-a-ser, com todos os contragolpes, todos os abalos e todos os ganhos. Aquilo que não realizarmos hoje, em termos de possibilidade de paz, será um fardo insuportável para as gerações futuras. Aquilo que hoje já vivemos no espírito de não-violência abre para os que virão depois de nós um terreno de opções em que se apoiar. Cada ato pacífico, cada reconciliação, cada ação criadora empreendida no espírito do amor gera novas possibilidades para o campo invisível do futuro. De certo modo, nós criamos — no sentido dos campos morfogenéticos descritos por Rupert Sheldrake[67] — superfícies de ressonância para a ação futura; nós estendemos os fios que hão de ser tecidos. Quanto mais sentirmos, pensarmos e agirmos no espírito de não-violência, tanto maiores serão os resultados. Além disso, os campos de ressonância da vida franca, delicada e pacífica mostrar-se-ão — em termos de éons — os mais fortes, pois são eles que possibilitam e conservam a vida, são eles que domam o caos e dão origem às formas do belo e do bom.

O que hoje somos capazes de oferecer, aquilo que hoje nos permite obter bons resultados, confere sentido próprio à nossa vida, faz dela uma *existência* digna de tal nome: singular e, no entanto, vinculada ao todo, à unicidade. Inclusive no fracasso. Desde que haja resistência. Confiança no plano de salvação, que supera, sujeita e leva em conta o nosso conhecimento. As turbulências, os altos vôos e as quedas, em meio ao trabalho no projeto global de ser e existir no espírito de não-violência, fazem parte das dores do parto da nova era. Quando não virmos ou deixarmos de ver as conseqüências do nosso fazer, importa saber e confiar que somos emissários da *transição*, que semeamos as estruturas do novo, enquanto o velho morre e se decompõe.

Jean Giono conta a história real de um pastor que, com suas ovelhas, percorre as montanhas nuas e áridas de Cévennes. Toda vez que pára para comer, ele usa um bastão pontiagudo para cavar buracos nos raros lugares com húmus e, em cada um deles, planta uma glande. Elzeart Bouffier, o pastor, não desiste de seu obstinado trabalho. Nem o escárnio dos homens nem as comoções da I Guerra Mundial o perturbam. Vinte anos depois, a região está irreconhecível: um jovem bosque cobre as quebradas, riachos murmuram, os vilarejos outrora em ruínas se enchem de vida nova... O fato de, poucos anos depois, o bosque ser sacrificado para a construção de um quartel não chega a prejudicar o milagre de Elzeart Bouffier.[68]

V. O Caminho da Unidade é o Caminho para Deus

O espírito de não-violência procede do vínculo de todos os seres e leva à percepção da unicidade. Nele a diversidade da vida revela-se unidade. Unidade a partir do impulso da Criação, unidade a partir da unidade do divino e unidade com a unidade do divino. O espírito de não-violência é espírito divino. Por intermédio dele e com ele, sempre se coloca a questão da essência do divino e do eu criador. Ainda que não exista uma resposta precisa para essa questão — como pode o limitado abranger o absoluto? —, nós a podemos colocar, com ela e nela prosseguir vivendo e registrando as estranhezas.

1. A unidade do divino

Como ser essencial imanente e transcendente, o divino se manifesta e, ao mesmo tempo, oculta-se ao homem que busca, inconcebível como subjetividade. As inúmeras definições continuam servindo de suporte a imagens de Deus a que faltam chão e esteio. Gerações de teólogos trabalharam em tais suportes, esboçando ou criticando as projeções — próprias e/ou alheias — de fantasias do desejo e de arrebatados anseios. As conseqüências foram realidades virtuais, de algum modo presentes e ainda a serem pensadas, e mesmo assim desprovidas de base. Que mais há de restar ao ser humano se, numa época de divinas trevas, nós não queremos nos desesperar da escuridão?

As imagens de Deus e também do que não devemos fazer são a resposta humana à experiência de déficit, são sucedâneos criados à nossa imagem e semelhança, não raro confundidos com outros substitutivos da indústria do anseio.

E veio Buda: o desperto, o iluminado, o mestre vital da clareza, da simplicidade e do desprendimento. Mas a mensagem de sua vida exigia demais do ser humano. Fundaram-se escolas, trilharam-se caminhos principais e secundários em veículos grandes e pequenos, foi possível apoiar-se em estátuas. Hoje ele é apresentado floreado, diminuído, alienado e mutilado, de diversos modos preso aos rituais e às ofertas dos supermercados espirituais. O que restava da inspiração e da radiante luz divinas, a fim de facilitar o despertar para o transcendental, ficou obscurecido pelo humano, que ainda não reconhecia suas próprias possibilidades.

E surgiu Cristo — o desperto, o iluminado, o divino mensageiro do amor, da reconciliação, da salvação e do retorno. Tampouco a mensagem de sua vida foi aceita pelo homem. A essência da missão daquele que era o caminho, a verdade e a vida, do intermediário de Deus, foi, por meio das doutrinas, do poder e da estrutura, adaptada e subordinada ao grau de desenvolvimento e à disposição de conhecer do homem e, com ela, à revelação parcial do divino.

A religião como religação ao divino mostra-se, nos rumos do desenvolvimento que tomou, algo que talvez não se quisesse originalmente, mas que se tornou uma conveniência. Em termos também grosseiramente genéricos, não foi outra coisa que ocorreu com as demais religiões. As revelações originais perderam o conteúdo transcendental, foram vítimas do impulso terreno para aprisionar o desconhecido nas categorias do conhecido. E, com cada tentativa de aprisionamento, com cada alienação, avançou a escuridão.

Sendo impulsos daquilo que denominamos divino, Cristo e Buda estão profundamente ligados. As diferenças entre eles podem ser consideradas complementares, os contrastes, uma expressão da semelhança essencial. Não devemos fazer caso da sempre cultivada ingenuidade das religiões isoladas, que se pretendem as únicas surgidas e desenvolvidas a partir do verdadeiramente divino, que afirmam que só este ou aquele é o verdadeiro e, ademais, único filho de Deus ou que só esta ou aquela revelação é autêntica e intemporal. De modo algum. Esses constructos e ilusões humanos sobre a vontade divina se esfacelam. Ainda subsistem política e culturalmente, mas, no espaço espiritual, já começaram a se dissolver.

Como são sadias, no caminho da perda da ilusão, a contemplação do universo e a meditação silenciosa. Quanto se aprende com uma mudança de ponto de vista e de perspectiva. O nosso planeta azul, visto das profundezas do espaço sideral, não apresenta senão unidade. Não existem fronteiras. A esfera da vida paira e gira majestosamente em meio ao sistema solar, grandiosa expressão de beleza e dignidade. Só quando nos acercamos e temos a superfície do planeta diretamente diante dos olhos é que reconhecemos as fronteiras traçadas pelo homem. E ouvimos que, conforme a linha de demarcação, as divindades passam a ter nomes diferentes e a representar diferentes intenções. A vasta Terra cercada por oceanos profundos está dividida em canteiros espirituais. Compreensível em termos de história do desenvolvimento, esse quadro é ao mesmo tempo esquisito e extraordinário.

Do espaço e no espaço, eu olho para o que nos é familiar e, no entanto, inexplicável; olho para as profundezas do infinito, onde o que vemos como luz é apenas o seu passado: nesse olhar duplo não temos nenhuma outra possibilidade senão a de calar-nos cheios de reverência. Nenhuma "inteligência cósmica", nenhuma "totalidade superconsciente", nenhum "senhor do céu e da Terra" se aproxima compreensivelmente do percebido. E também sabemos que mesmo essas percepções são limitadas, excluem possíveis fenômenos e realidades para cuja experiência nos faltam os sentidos ou as palavras. Podemos arriscar aproximações. Aproximações sobre as formas de expressão do divino no processo da vida e no ser vivo.

Ali onde a vida é sagrada está o vestígio do divino. O *Bhagavad-Gita*:
"Quem vê o mesmo Senhor supremo em todas as criaturas existentes, nas efêmeras e nas perenes, este enxerga. Pois quem enxerga no mesmo Senhor aquele que é inerente a todas as coisas, não fere o eu com o eu; por isso alcança a meta suprema." (*Cântico XIII*, 27/28)

Do evangelho secreto dos essênios:

"Que segredos temos que conhecer para ver e ouvir e sentir o fluxo sagrado da vida?"

E Jesus não respondeu. Mas aproximou as mãos dos talos da erva que crescia no vaso, delicadamente, como se elas fossem a fronte de uma criancinha. E cerrou os olhos, e ao seu redor surgiram raios de luz que brilhavam ao sol [...] E ninguém soube se decorreu uma hora ou um ano, pois o tempo parou, e foi como se toda a Criação tivesse contido a respiração. E Jesus abriu os olhos, e um perfume de flor inundou o ar quando ele disse: "Eis o segredo, ó filhos da luz; aqui, na modesta erva [...] Eis o fluxo da vida do qual nasceu toda a Criação... Ponde as mãos na tenra erva do anjo da terra, e vereis e ouvireis e tocareis o poder dos anjos."[1]

Isso é comunicação com o tu no sentido da totalidade. Pois o divino se manifesta em todos os parceiros da vida na situação do encontro. Esta não é a Criação sujeita ao homem e calcada aos pés; é a Criação ligada ao divino e a nós. Na aceitação desse vínculo, abre-se um pouco mais a janela do conhecimento. *Interbeing*: tudo está em tudo, a tudo se liga, ainda que em diferentes níveis de consciência. Essa afirmação nada tem de especulativo, chega a ser banal ao espírito desperto. Mas, na busca do divino, a sensibilidade em que ela se baseia nos envia a uma viagem muito especial: até a vastidão do espaço sideral e, ao mesmo tempo, até o mais recôndito desvão do nosso eu. A cada respiração consciente, nós empreendemos essa viagem, que começa em toda parte e não termina em lugar nenhum, pois, afinal de contas, já estamos e sempre estivemos aqui.

O milagre da unidade se escancara diante de nós. Porém, devido ao nosso hábito de parcelar e delimitar, de encarar e tratar como "fora" tudo quanto é exterior à nossa corporalidade, raramente o enxergamos. No evangelho cristão primitivo de Tomé, o complemento do Sermão da Montanha contido na orientação sobre o caminho interior, Jesus diz no versículo 67: "Todo aquele que conhece o Todo mas não conhece a si próprio, não conhece o Todo."[2]

O conhecimento de Deus, o conhecimento do todo e o autoconhecimento, mesmo não sendo idênticos, estão ligados entre si, estão entrelaçados. É quase uma pregação budista a formulação de Jesus no mesmo evangelho: "Parti um (pedaço de) madeira, e lá estou eu; levantai uma pedra, e ali me encontrareis" (Versículo 77 b).[3]

Com o drástico "Eu sou tu!", Jesus rasga, em Tomé, o último véu que encobre o conhecimento do vínculo com o Supremo.[4] Esse véu pode levar à *hybris* blasfema aqueles que se conservam prisioneiros do todo mais íntimo na consciência do eu. E conduzirá à reverência — que nada tem a ver com a submissão mortificante — aqueles que se dispuserem a perceber a unidade entre transcendência e imanência.

2. Cristo: ponte para a unidade

A unidade da vida na unidade do divino não tolera cisão. Sempre que houver separação entre o homem e o animal, o homem e a natureza, o homem e o cosmo, o homem e o divino, surgirá o duro fundamento do antropocentrismo, a auto-referência exaltada e, portanto, o aviltamento. A doutrina cristã, há séculos predominante, favorece tais cisões e separações — com todas as devastadoras conseqüências que não precisamos tornar a enumerar aqui. Só isto: a elaboração de uma imagem da Criação que coloca o homem como ponto culminante e sua redenção como meta suprema desemboca, mesmo numa ética cristã moderna do meio ambiente, em afirmações como a do teólogo Irrgang: "Não é cristão divinizar a evolução ou a Criação [...] Pois deve ser dificílimo encontrar uma teologia material da natureza [...] Para o cristão, o que importa não é a sobrevivência, e sim a vida eterna [...] É recomendável ter consideração pela Criação extra-humana, mas não amor pela natureza ou solidariedade com a Criação no sentido específico da palavra. Pois, conforme o mandamento supremo do amor a Deus e ao próximo, o homem há de ser o centro de uma ética cristã do meio ambiente."[5]

O cristianismo, em geral, com seus pensadores e teólogos, na sua visão secular de si mesmo, não só buscou separar-se claramente de todas as outras formas de pensamento como não se empenhou em desenvolver seriamente uma cultura da relação moral e reverente com as outras criaturas. Em conseqüência, uma profundíssima devoção voltada para o além fundiu-se muitas vezes com uma assustadora falta de sentimentos e de consideração pelas outras formas de vida. Sem dúvida, teve grande importância o fato de essa atitude de unidade e respeito pela vida quase não encontrar apoio nos textos bíblicos canônicos — e muito menos nos não-canônicos. Sem querer me alongar num assunto que fala por si só, desejo apenas salientar o seguinte: quem vê o divino relacionado unicamente com o ser humano pretende outra coisa.

É próprio da visão antropocêntrica adaptar ou mesmo subordinar as revelações do divino, no mundo, às delimitações traçadas pelo próprio homem. Não é o entusiasmo pela dinâmica do desenvolvimento nem a confiança na capacidade de desenvolvimento do ser humano que está por trás desse bloqueio, e sim a necessidade de conservar os arranjos a que se chegou com Deus e o mundo. É o que mostra, nítida e dolorosamente, sua relação com o próprio alfa e ômega da fé cristã, Jesus Cristo. As gerações de exegetas, dogmáticos e doutores não fizeram senão abrir e cimentar valas por onde canalizar o caudaloso e impetuoso fluxo da vida. Nelas ele escorre morno e vagaroso, a água é insípida. Nelas, o meigo e ao mesmo tempo arrebatado homem de Nazaré, movido e animado pelo intemporal impulso divino, aparece retocado, corrigido e desfigurado — pelo menos não é outra coisa que oferecem as mui floreadas lendas e contos.[6] Além disso, na retificação e no retoque, espreitam sempre o perigo e a exigência de ditar normas, de legislar. As duas coisas restringem o espaço da interpretação. Quando tomadas como verdade, obstruem a energia solar que, como dádiva divina, deve ocorrer e desenvolver-se em todo ser humano. Impedem o homem de respirar livremente. E lhe refreiam o impulso para experimentar e saber! Conduzem mais à superstição que à experiência da fé escorada na certeza própria, provocam mais a incompreensão que o *sincero respeito*. Em vez de liberá-los e radicalizá-los, inibem o sentimento pessoal de responsabilidade e a assunção da responsabilidade pelos nossos atos. Que efeito teve na história do mundo — inclusive na das criaturas que nos rodeiam —, por exemplo, o dogma da expiação dos nossos pecados pelo sangue e a morte de Cristo? Os homens ficaram desresponsabilizados, privados da missão de desenvolver-se e isentos da obrigação de assumir os seus atos. A chamada remissão dos pecados concretos encobriu a busca da remissão dos pecados em geral, ou seja, da própria idéia de pecado.[7] Que efeito teve — também sobre as criaturas que nos rodeiam — o horizonte da fé da "nova terra", na qual "as coisas antigas se foram". (Apocalipse 21.4) Face a tal expectativa, há de desaparecer o ímpeto de comprometer-se conseqüentemente com o presente a fim de transformar a "terra velha" e contribuir pessoalmente com o "Eis que eu faço novas todas as coisas" (Apocalipse 21.5). Uma vez que a divindade e Cristo ficam reduzidos ao mero *outro*, é óbvio que o ser humano, em sua perplexidade, não pode ver nenhuma chance de desenvolvimento com o divino e no divino, e a idéia de parceria resulta blasfema.

Os místicos cristãos contam que Cristo nasce e renasce neles. Eles sentiram e sentem a energia divina que se pode manifestar como pessoa, mas que, ao mesmo tempo, extrapola o ser pessoal, espraia-se universalmente. Mediante o poder de Cristo, a manifestação do divino no homem, promove-se e demonstra-se a unidade suprema, do motivo primitivo do amor provém a iniciação do homem no divino. Eis o ponto-chave de toda a mensagem cristã. E, a qualquer hora, esse ponto-chave pode ser atualizado por qualquer ser humano que busca e se abre, pode ser descoberto e desperto no ser pessoal — no tempo, aliás atemporal, pois "Não vos abandonarei até o fim do mundo". Assim vista, a parusia, a volta do divino em Cristo, não se dá a conhecer como súbita irrupção do novo, mas como o já presente translúcido e reforçado.[8]

No aparecimento temporal de Jesus de Nazaré, encontramos, de certo modo, a soma das possibilidades humanas reunidas, ampliadas e concretizadas. Esse milagre invoca e conclama a autoridade interior e a bendita expressão exterior. Nele tem vigência — transcendendo, aliás, toda e qualquer estreita orientação eclesiástica — o "Assim como eu, também vós!" Porém não em termos de imitação, e sim pelo caminho próprio, por vocação própria e com carisma próprio. Pode ser que isso soe mal a alguns ouvidos — no caminho próprio, aguarda enfim a superação da história, dá-se a renúncia à referência retrógrada e à prisão espiritual no horizonte temporal e cultural do pretérito. A transfiguração do Kairós passado retira-lhe a mensagem intemporal, dirigida para o futuro e para o respectivo presente, arrebata-lhe a decisiva força operadora de Cristo — a fim de liberar o mestre interior e, com ele, o nosso caminho específico, possível para nós, e a fim de descobrir a verdade da vida.

Neste ponto, defrontamo-nos com a questão da relação do impulso de Cristo — não do cristianismo — com as demais manifestações do divino e a conseqüente orientação para o homem. Na busca da resposta, eu creio que devemos levar em conta uma dimensão do *em si* e outra do *para si/para mim*, um horizonte transpessoal e um pessoal. O fundamental é: qualquer impulso divino, qualquer manifestação divina, que aparece "no mundo" com autoridade e clareza absolutas, é também absoluto à medida que só pode ser visto integrativa, aberta e inclusivamente — mas não de modo restritivo e excludente. A aparição do divino numa forma compreensível para o homem apresenta sempre um convite franco e uma franca aproximação. O fato de que toda manifestação divina — inclusive em Cristo — é origem do absoluto e, por isso, deve ser encarada como absoluta, não exclui outra manifestação em outros e mediante outros fatos e pessoas de significado comparável, ainda que em diferentes contextos históricos. A exclusão, quando ocorre, procede da necessidade humana de ter-querer e da segurança, mas não se enraíza na própria manifestação. Quem há de poder delimitar o divino, que transcende espacial, temporal e factualmente todos os limites e limitações humanos? Isso se tentou no cristianismo e em outras religiões. Em conseqüência, as doutrinas, os cultos e os ritos, assim como os complexos mecanismos de controle de exclusividade do alento cósmico da libertação, levaram a guetos de estreiteza espiritual. O convite a sentir a unidade e a crescer com Cristo no espírito do vínculo foi vítima do impulso de buscar identidade mediante a delimitação. No estágio de desenvolvimento a que chegou uma parte da humanidade, talvez não pudesse ser de outro modo. Talvez a construção de perfil mediante a ênfase da diferença tenha sido necessária à busca e à proximidade de Deus, apesar de todos os efeitos colaterais. Mas esse tempo já passou.

O que significa isso para o ser humano isolado que se entende como Cristo? Aqui tem início o horizonte pessoal, e eu quero circunscrevê-lo em termos pessoais.

Numa conversa sobre essa questão, um pastor e professor de teologia disse-me o seguinte: "Mas Cristo, essa é a nossa ponte para Deus!" A imagem da ponte transporta, como a própria ponte, mas só tem sentido se eu aceitar a oferta de usá-la, de atravessá-la. O caminho está no fim da ponte, não acaba ali. Continua levando para o centro. Por outras pontes passam outros buscadores de Deus, e nelas, a cada passo, nós nos aproximamos, as diferenças desaparecem face à noção do vínculo supremo. Assim, as pontes são guias na integração cósmica, como caminho e verdade para viver. Rumam para o infinito a partir do agora. A profundidade a que por elas podemos chegar ainda se acha mais adiante de nós.

3. Nós passamos a existir no vir-a-ser do cosmo

A Criação se apóia no desenvolvimento: em sua totalidade e nas diversas formações do ser e da vida. O ingresso do homem no processo universal, "no sexto dia", não é de modo algum o retoque final, mas a expressão desse processo, já que se seguem o sétimo e o oitavo dias. Todo o universo flui e se transforma, e toda estagnação, assim como toda circulação, é ilusória. Nenhuma parcela da natureza, nenhum animal, nenhum ser humano, nenhuma pedra, nenhuma árvore continua sendo como era no retorno das estações do ano. Nenhum sol e nenhuma estrela existe em forma eterna. O microcosmo e o macrocosmo renovam-se permanentemente e como que obedecendo a uma lei ainda desconhecida da busca da perfeição. Esse fluxo do vir-a-ser realiza-se dialeticamente. O passado é negado e, mesmo assim, conservado no novo.

Por que, neste acontecimento maravilhoso, hão de estar justamente a religião e a religiosidade no ponto final do conhecimento, da revelação e de suas formas de expressão? Semelhante crença seria uma triste ilusão. A lei cósmica da transformação e do vir-a-ser não exclui a religião. Pelo contrário. Ela acompanha e guia o andarilho na ascensão a níveis superiores de consciência e, com o seu desenvolvimento, enriquece-se a si mesma. Como poder espiritual, a religião não pode ser um sistema fechado, isso contradiz a essência do espírito, assim como a força e o potencial do pensamento. E tampouco como poder do amor a religião pode ser estática, pois, aprofundando-se por meio do conhecimento, o amor abrange pouco a pouco tudo o que existe, e o abrange cada vez mais profundamente. Na religiosidade como enraizamento e religação com o divino, o ser humano enfrenta, ou melhor, recebe como dádiva sua missão de desenvolvimento rumo à liberdade final. Desse modo, também a religião se renova em cada homem. Nada continua sendo o que era, em lugar algum. A estagnação e a verdadeira religiosidade não combinam. É o que diz Jesus quando se dirige aos jovens: "Sede como os que estão de passagem!" (Evangelho de Tomé, versículo 42).

"A divindade age no que está vivo, não no que está morto; está no que virá a ser e se transforma, não no que já se transformou e está imóvel."

Essa frase tão óbvia de Goethe[9] leva a uma conclusão que muitos podem achar insolente. A de que o divino que age no que está vivo se transforma com ele. A formação não deixa intacto o impulso formador; a criação tem efeito sobre o criador. A divindade que se manifesta na dinâmica da vida expõe-se a essa dinâmica. Sobre o vir-a-ser da divindade no vir-a-ser do cosmo não se pode especular; é impossível objetivá-la, é impossível torná-la uma coisa ou imagem. Mas nós podemos professar e empreender a participação, expor-nos conscientemente ao fluxo do vir-a-ser — sem hesitação e segurança abstratas e sabendo apenas por intermédio do resultado da ação da própria pessoa.[10]

Abandonar as antigas e rígidas projeções de Deus dá medo e provoca um sentimento de culpa. A imagem do juiz que castiga está profundamente arraigada no nosso coração, a marca de um poder que me protege, mas ao preço da dependência e da submissão. Todavia, sem liberdade interior e responsabilidade não existe vir-a-ser, o próprio impulso de se tornar paralisa. A aceitação e o sofrimento impotente carecem de valor espiritual. Por isso eu repito: o chamado pecado original marca — com todos os riscos — o começo da liberdade e da agora possível co-formação. Já não estamos numa relação de criancinha com os pais no mundo divino, já não estamos presos à menoridade.

Não, nós não queremos mais ser como crianças — a não ser na natural inocência da aproximação mútua. De resto, o que vale é: com a cabeça e o coração e a alma e o amor e a experiência e o empenho em conhecer e o crescimento. Não querer ser senhor, não, absolutamente — mas ser reconhecido e reconhecer. Corresponder a essa liberdade e realizá-la pessoalmente é fundamental para a nossa relação com o divino e com a vida na Criação. Isso pressupõe a superação das limitações vinculadas ao ego. A consciência transpessoal depende da maturidade pessoal.

A aceitação de nossas possibilidades de crescimento e de nossa missão de crescer está numa relação axiomática com as virtudes intemporais que denominamos divinas: o amor universal, a não-violência, a generosidade, a veracidade e o serviço. A elas se ajusta toda a liberdade, nelas encontra a sua realização e nelas se encerra o significado da Criação.

Descemos do Olimpo da vontade de crescer como virtude cotidiana da liberdade pela disciplina na educação dos órgãos dos sentidos e pela disciplina no ouvir. E seremos conduzidos na prática da meditação e da contemplação, no desenvolvimento que se realiza duplamente: como transformação pela abertura e pelo deixar acontecer e como reflexo do desenvolvimento da nossa consciência. Nessa prática, e com a irradiação do ser completo, respiramos a misericórdia do divino, passamos a receber para poder dar. A misericórdia não tira a liberdade; esta só é possível mediante aquela. A misericórdia acompanha o rumo do nosso crescimento e nos mantém atentos: para os nossos limites e para a origem e a meta do ser.

4. "Religião" cósmica ou união é mais que diálogo e coexistência pacífica

Na busca do divino, nós deparamos com a diversidade das religiões e a especificidade de cada uma. Nascidas de diferentes modos, de diferentes circunstâncias históricas e culturais, do conhecimento de revelações consideradas autênticas e também da fixação nos chamados fundadores,[11] elas são, no essencial, muito próximas e aparentadas: na aspiração à origem e ao absoluto, na busca do contato com o eterno, na esperança de consolo, salvação, justiça, paz e união. E se aproximam muito ao apresentar, nos respectivos mitos da criação, uma imagem prosaica da divindade e do cosmo nascentes.[12] Todo o afastamento e toda a diferenciação verificados no decorrer dos milênios remontam à mesma origem, da qual tudo depende; remontam — vistos positivamente — apenas às respectivas possibilidades não percebidas, à beleza e ao colorido do ramalhete de flores divinas.

Repetindo: na diversidade das religiões vislumbra-se um impulso fundamental. Na alteridade física e cultural do fundador, manifesta-se o portador de um mesmo espírito divino. Neles, o essencial não está na pessoa, mas no princípio operante e em vias de se realizar. Há muito tempo que a humanidade necessita empenhar-se na superação da Babel espiritual a fim de encontrar o fazer reintegrador desse perceptível parentesco. Na época em que vivemos, surgem iniciativas, em todo o mundo e a despeito das fronteiras, no sentido de promover o diálogo sério das religiões e a busca comum das afinidades. Aquilo que sempre ligou as religiões do mundo começa a minar delicadamente as muralhas das doutrinas estratificadas e das estruturas dos sistemas religiosos. Podemos citar alguns exemplos encontráveis nos círculos culturais europeus, como o projeto "Etos Mundial" de Hans Küng,[13] a "United Religions Initiative",[14] a "Unity of Man", que remonta a Sant Kirpal Singh (1894-1974), e também a religião Bahai. A mera existência dessas iniciativas incorpora um traço de caráter; por outro lado, só frutificarão se os representantes das diversas religiões por elas atingidas se dispuserem a abrir mão: abrir mão de suas posições dogmáticas, abrir mão do caráter pretensamente absoluto de suas expectativas de salvação e de seus salvadores. Quem não for capaz de transcender seus fundamentos religiosos não irá muito além do desejo de uma comunidade aprofundada. É importante falar em unidade. Vivê-la traz conseqüências. O processo ecumênico das igrejas cristãs realça esse problema. As hierarquias, os cargos e as posições torpedeiam as tentativas sérias de união da cristandade. Não querem ver o menor vestígio de entrega e renúncia em nome do amor e da unicidade de Cristo. E, nesse contexto, não deixa de ser irônica e infantil a circunstância de que o símbolo *por excelência* da unidade de todos os cristãos — a Santa Ceia — é usada como arma da delimitação. Nem o verdadeiro ecumenismo nem a unidade se realizarão de cima para baixo, a partir do poder e dos centros de doutrina. Só serão possíveis de baixo para cima: por meio da prática da vida, que nega a separação e se orienta totalmente pelo núcleo essencial.

Do ponto de vista da situação da Terra, das profundas experiências ecológicas e da mensagem da mística, a época da separação e da divisão acabou há muito tempo. A globalização deve ser sobretudo espiritual. E já não se realiza com a coexistência pacífica, que a qualquer momento permite a irrupção das antigas guerras religiosas — coisa que não questiona a importância da luta por essa disposição para a paz. O trabalho consciente por uma família humana no espírito da união precisa de pioneiros que já não falem sobre as diferentes religiões, mas que se encontrem na ponte de suas tradições e juntos tomem o caminho do centro — sem mistura, sem tolerância e benevolência baratas, mas no radicalismo da busca.

Religiosidade profunda é mística: aspiração e busca, arriscar-se e perder-se, confiar e transformar-se, escutar e crescer. O caminho místico centraliza o ser, faz com que ele viva do meio. Atraído pela luz, o místico a leva consigo ao cotidiano. A mística vive do amor, do amor indivisível. E a verdadeira mística conduz à prática da vida, transforma de modo abrangente a existência pessoal. Entrementes, sua denúncia se mostra uma vez mais altamente política. Só ela leva à síntese de *toda* atividade. Só a partir dela cresce o espírito de não-violência como princípio de vida transpessoal.

A mística conduz o homem que busca à reverência, coisa que apenas o saber não é capaz de gerar, a reverência que se inicia na consciência de que não existe nenhuma verdade última formulada pelo homem. O segredo do divino proíbe a impostura e o pedantismo.

> "O caminho que pode ser comunicado
> Não é o caminho eterno.
> O nome que pode ser dito
> não é o nome eterno.
> O inominado é o começo do céu e da Terra."
> (*Tao Te King*, 1)

Deixar de nominar cria a abertura incondicional de que precisa quem procura a graça de ver crescer em si o ardentemente desejado. Em outras palavras: a tentativa de apreender o divino lingüística ou dogmaticamente aumenta a distância.[16] Pois isso canaliza o espírito. Estamos diante do desafio de libertar a língua dos conceitos religiosos, que espelham uma segurança inexistente, que pretendem prescrever regras à grande ciranda divina, que nos tiram imediatamente da própria ciranda. Faz parte de tal desafio renunciar às designações que classificam as relações imediatas dos homens e dos grupos humanos com o divino. E esse desafio exige que não encaremos a totalidade das santas escrituras como uma revelação última e absolutamente obrigatória. Muita coisa, nos textos, tem caráter meramente histórico, condicionado pelo tempo; certas formulações se devem ao pensamento obscuro e às conveniências dos homens que as anotaram ou corrigiram, não ao impulso divino intemporal. O caminho interior leva inevitavelmente a uma prova que cada pessoa tem de realizar por si mesma — mesmo quando trilha o caminho na companhia de outras pessoas.

Os passos na experiência do divino, nós os damos com nossos sentidos interiores. Despertos, atentos e abertos, eles se voltam a essa realidade, abandonando justificativas, com o coração livre de idéias. Ingressamos no silêncio, adoramos sem proferir palavras, sentimos a proximidade do divino na quietude de toda a nossa essência. O profundo silêncio nascido dessa quietude profunda é o alento cósmico, é a própria revelação, é a comunicação entre Deus e o homem. Contemplação é um dos nomes dessa experiência do silêncio (*con* = tornar-se um; *templum* = com o sagrado/divino). Sem texto, sem imagem, sem concepção pessoal, eu me coloco numa relação com o divino e o aceito na esperança de também ser aceito numa relação de parceria.

No silêncio, nós aprendemos a viver na "nuvem do não saber", mas percebendo que dela pode nascer o novo e que se trata da nuvem da transformação. Que maravilhoso paradoxo existe na experiência de sermos procurados na nuvem do não saber, *em meio* ao desconhecido. E lá vale mais que em qualquer outra parte: "Todo aquele que busca encontrará e todo aquele que bater se lhe abrirá [...] A vós é dado sondar os segredos do reino de Deus" (Evangelho de Tomé, versículo 94).[17]

Quando nasce uma religião interior, esfacela-se a exterior. A aspiração a Deus, o amor e o espírito de não-violência criam em nós uma ordem divina que dispensa a ordem exterior. O espaço do segredo, no qual a nossa nostalgia do divino não representa senão a resposta à nostalgia original, ou seja, a que o divino tem de nós, desenvolve aqui toda a sua força. A atitude interior determina a relação de Deus. Por isso, o caminho interior é, para certas religiões exteriorizadas, algo suspeito e até perigoso. Quem condena o esoterismo puro (não o que a moda tornou *kitsch* e inflou metodicamente) percebe claramente que, nele, não se podem traçar limites, porque em toda parte o mesmo núcleo essencial e a mesma verdade são visíveis para quem busca.

Nesse caminho, as escrituras sagradas servem de impulso, de aprofundamento e também de prova das nossas percepções. Mas não substituem os desafios inteiramente pessoais na relação com Deus. E essas restrições se aplicam com mais razão ainda a todas as formas de culto, a todo ritual, a todo hábito, a todo gesto. Pois, neles, e no seu caráter de arrimo, sobretudo nas situações críticas, o que é exterior e regularmente fixado mais amarra do que liberta espiritualmente. E se contrapõe ao efeito do transcendental e do divino à medida que pretende ser uma forma de expressão da reverência com relação ao divino. E também tem uma participação na causa das trevas que, na nossa época, se espalharam por este mundo, principalmente no Ocidente.

Pois, diante dos homens que se sentem e se sabem unidos, estende-se o espaço livre e familiar da religião cósmica, o campo espiritual da parceria possível com o infinito e o eterno. Podemos ver todo o cosmo como teofania, como lugar de exposição das formas de expressão da essência divina. E nós estamos incluídos, não somos observadores externos. Somos participantes — no em si indiscutivelmente, e no para si/para mim no mais tardar no momento do conhecimento do nosso eu como aquilo a que mais aspiramos e já existe dentro de nós.

Os sistemas de fé das religiões institucionalizadas não fazem senão desviar-nos do caminho desse conhecimento. Que caminho?, pode-se perguntar. O caminho da ponte, o caminho no qual não criamos nenhuma concepção fixa, no qual reconhecemos que sempre fomos participantes e já não precisamos de nenhum constructo auxiliar. É o caminho — a união dos caminhos — que descarta a ilusão das cláusulas pessoais especiais, que transcende os conceitos de crença, mesmo que eles me hajam iniciado. Voltar às raízes nós não podemos, pois tampouco elas são o que eram outrora; também as raízes se transformam no processo do devir. Mas podemos ver e usar a sempre presente força da raiz, como energia original do devir e do crescer, como impulso para a nova marcha criadora.

Caminhar rumo a novas sínteses na divindade única e unificadora, eis a missão da religião cósmica que vai além das antigas religiões.

VI. A Serviço da Unidade — A Ciência Espiritual como Escola da Sabedoria Universal

A principal responsável pela alienação da consciência da unidade universal e do conhecimento sobre a nossa ligação com o espaço divino é a ciência ocidental. Contudo, uma reverência nova e integrativa pelo conjunto da vida, no espírito de não-violência, uma consciência nova da unidade universal de todos os modos do ser e uma nova abertura totalmente livre para o espaço cósmico do amor divino exigem, antes de mais nada, o máximo das nossas possibilidades e do nosso esforço: inclusive naquilo que se pode denominar ciência e busca do conhecimento. A elas cabe uma tarefa crucial no processo de reconhecimento e realização da matéria que até agora nos ocupou neste livro. Em todo caso, isto que já está diante de nós e que aguarda, embora veladamente, tem muito pouco a ver com o desenvolvimento tomado pela universidade e a ciência nos últimos séculos e sobretudo nas últimas décadas.

1. Adeus às ilusões — As possibilidades da ciência ainda são ignoradas

"Eis que eles desprezaram a sabedoria de Iahweh! O que é a sabedoria para eles?"
Jeremias 8.9

A humanidade deve muito à ciência moderna. Praticamente todas as disciplinas têm apresentado contribuições fantásticas; conquistaram-se e operacionalizaram-se conhecimentos assombrosos, os quais se transferiram para a prática de tipo técnico ou social. É inquestionável que o espírito humano recebeu um impulso extraordinário na esfera da ciência. Mas essa ascensão custou muito caro. Constam na fatura nada menos que a perda da *universitas* e da consciência da unidade, o distanciamento do amor em favor do "objeto" de pesquisa, a separação entre o saber e a referência final de todo conhecimento e de todo fazer à origem e ao horizonte divinos. E acrescentam-se ainda: o abuso mediante poderes estranhos, como o do dinheiro, o do mercado e o do domínio pela violência; uma especialização, que impediu a visão do todo; o esvaziamento espiritual dos laboratórios, das salas de aula, dos anfiteatros e gabinetes, nos quais os estudantes e a nova geração de cientistas são encarados menos como esperança no futuro do espaço vital Terra do que como uma massa solícita à disposição dos poderes atuais.

Hoje em dia, o edifício da ciência é comparável a um arranha-céu com incontáveis andares, mas aos quais um único elevador dá acesso. Em cada pavimento, estendem-se passagens e níveis intermediários providos de corredores labirínticos, nos quais há portas para apartamentos isolados. Os encontros nos corredores são casuais e sobretudo indesejáveis, a mudança para outro andar só é possível para quem desce novamente até o rés-do-chão a fim de empreender uma nova e especial ascensão. As vidraças espelhadas tornam a visão praticamente impossível para quem está do lado de fora. A arquitetura e a vida interior são frias, impessoais e anônimas. Raramente se detecta a consciência como núcleo de todo conhecimento. Em seu lugar, impera a inquietação, ouve-se sem escutar, vê-se sem enxergar, fala-se sem saber. No Edifício Ciência, os homens parecem não ser eles mesmos. Vestem máscaras e estão à caça de reconhecimento, de carreira, de dinheiro, de créditos e de certificados. E parecem enredados na angústia, na neurose e na auto-referência. Esta última se intensifica à medida que se sobe na hierarquia. A funcionalidade, nada mais que a funcionalidade, domina o prédio. E em toda parte grassa a prostituição, o vender-se a interesses estranhos, o entregar-se a patrocinadores. Hoje, na maior parte das disciplinas, quem quiser ser professor universitário terá de comprovar sua capacidade de angariar verbas, seja lá onde for. Entrementes, inúmeros andares do Edifício

Ciência foram ocupados por empresas, grupos de interesse e grandes multinacionais dos mais diversos ramos, a fim de pactuar com o espírito instrumental e aproveitar-se do saber lucrativo. O Edifício Ciência transformou-se no empório dos mais variados interesses especiais — não admira que, no curso desse desenvolvimento, o esforço pelo conhecimento universal tenha cedido à pressão para especializar-se, parcelar-se e converter-se em instrumento. Com isso, a educação iniciou também o processo de formação para sufocar e dominar. Indiscutivelmente, a perfeição a que se chegou mediante a especialização na pesquisa e no ensino produziu um crescimento enorme no conhecimento e no *know-how*. Porém desapareceu a união da especialização com o ideal do serviço ao vivente e ao nascente, assim como o ideal do homem universalmente instruído; ambos tornaram-se incompatíveis. E assim, a "universidade", como espaço de amparo e proteção da ciência, perdeu grande parte de sua "universalidade" e, com ela, a compreensão de si mesma. Faltam-lhe concepção e consciência do seu próprio eu.

São diversas as causas que levaram a isso, e convém ser cauteloso com as respostas fáceis. Uma coisa, no entanto, parece certa: nesse desenvolvimento, tiveram papel decisivo a desmitificação do ser e do tempo, a perda do respeito pela vida e a conseqüente supressão do divino. O homem científico, no seu desvario de tudo fazer e tudo poder, passou a ser, ele mesmo, a escala suprema de medida; elevou o poder da razão instrumental à categoria de mito de sua orientação do ser e, com isso, mitificou também o desenvolvimento resultante do instrumental e o essencialmente instrumental.[1] Entrou em cena o Racionalismo, para libertar o ser humano dos sistemas, orientações e estruturas predominantes e impróprias. Todavia, por meio da ciência, do progresso científico e de sua absolutização, surgiram novas estruturas que — vistas hoje — levaram o projeto do Racionalismo parcialmente ao fracasso. A modernidade científica pode ser encarada como o divórcio entre a energia do logos e a unidade primordial com o mito voltado para Deus, é a própria racionalidade masculina e unilateral do dominar. No fanático entusiasmo pela racionalidade, o pensamento científico e pseudocientífico, reforçado pela materialização do logos na técnica e nas estruturas, distancia-se de toda profundidade existente na vida e no ser. Essa declaração de guerra ao espírito e ao pensamento da totalidade causou, enfim, o banimento da verdadeira racionalidade. A realidade ficou reduzida ao analisável, ao mensurável, ao dominável, ao explorável. À vida, em suas múltiplas formas, não restou senão o papel de vítima; vítima dos ritos experimentais dos sacerdotes da ciência, vítima da divinização do progresso. Se, a princípio, o homem se colocou como absoluto numa ciência que se entendia humanista — com as conhecidas conseqüências sobre o mundo animal e a natureza —, a ciência instrumentalizada já não se detém diante dele nem da visão de vida que objetivou, como mostra o desenvolvimento nas áreas da biotecnologia e da engenharia genética. Cada vez mais, essa ciência manifesta a sua hostilidade à vida e, ao reduzi-la a uma massa para modelar experimental, converte-se numa forma moderna de magia negra e num gênero civilizado de barbárie. Pensemos uma vez mais na ciência médica, que, em nome da otimização das funções físicas humanas, não hesita diante de nenhum horror no uso e no abuso de outras formas de vida.

Entrementes, esse modo de lidar com o mundo alcançou — a partir do Ocidente — a totalidade cultural da Terra. Vista em termos globais, a violência instrumental nunca foi maior. Jamais os inquisidores de um pseudo campo de influência dispuseram de um poder tão universal.

Mas, por devastadoras que sejam as conseqüências, os indagadores e pesquisadores não devem ser necessariamente banidos para a terra de ninguém dos desalmados. E, em todo caso, os erros e descaminhos da história não são, de modo algum, motivo para pôr em dúvida o direito à existência dos homens[2] ou, mesmo, para simplesmente questionar a investigação científica. Eis o que é muito mais importante: ainda estamos longe de conhecer as nossas possibilidades. É possível o contato com o profundo e com as últimas dimensões da realidade. Sem dúvida, ainda falta criar as perspectivas para tanto. E, para isso, precisamos dos homens mais capazes dentro e também — e sobretudo — fora das antigas catedrais da ciência. A aspiração a uma ciência que não exclua o divino e se oriente pelo espírito de não-violência está viva em mais seres humanos do que se calcula. No entanto, o horizonte dessa possibilidade é tão obscurecido e de tal modo estigmatizado como inimigo da ciência que só uns poucos se arriscam a dar espaço a essa aspiração.

Basta olhar para as gigantescas dimensões do aparato pessoal, financeiro e estrutural da antiga ciência, para que a convocação para a luta soe utópica e ridícula aos poucos que a ouvirem no primeiro momento. Ora, a lei da superioridade numérica tem escassa influência sobre a revolução espiritual. Tanto no positivo quanto no negativo, sempre foram poucos os pioneiros que primeiro avançaram, mostraram as possibilidades e, por seus atos, alargaram o caminho para as multidões. Também no campo do conhecimento e da disseminação do saber profundo, existem outras influências que não os anfiteatros lotados, os livros de sucesso e de grande tiragem ou as "marchas triunfais" nos congressos. Uma vez impulsionado, desenvolve-se, no *espaço espiritual*, o *campo espiritual* da nova consciência com que um número crescente de seres humanos pode entrar em contato, mesmo sem ter trabalhado diretamente para isso. Em semelhantes situações históricas, costuma-se dizer que *a coisa* estava no ar, que a época estava madura *para ela*. Quando convergem a espiritualidade, o conhecimento e a ação fundada na ética, passa a existir uma união que vai além do encontro dos homens.

A ciência antiga levou à cientifização, ao chamado cientificismo. O altíssimo grau das contribuições e o progressivo aprimoramento metódico suscitaram um crescimento enorme do conhecimento mensurável e tendente a se ampliar em cada vez mais detalhes; seu nível, porém, foi apenas medíocre. Pois o que o olhar empírico não abrangia era considerado cientificamente inexistente. Assim se mostraram e se mostram as medonhas conseqüências do distanciamento da *universitas*, como totalidade, detectável na separação da ética, da arte e da espiritualidade do processo e da compreensão científicos. Tudo quanto Leonardo, Leibniz e Goethe ainda pretendiam integrar segue hoje caminhos separados. Também ficaram bloqueadas a continuação e a elevação do desenvolvimento da capacidade de conhecimento voltada para o espiritual, o artístico e o estético. Aquilo que, no todo e nos detalhes, sempre se articulou esteticamente como ser e estar no cosmo, proveio sempre da diversidade e da multiplicidade e as leva tecidas, interligadas e arraigadas em seu bojo, ficou reduzido à vulgaridade na ótica estreita da modernidade. A ciência antiga dos novos tempos fragmenta seu objeto conforme suas castradas possibilidades de conhecimento. Na correspondente reintegração e nova integração a ciência nova e espiritual terá de trabalhar.

Ela não tira seu impulso das exigências e leis do mercado, não se sujeita às pretensões de valor e significado de um espírito mutilado que só divide, soma, calcula e perde. Ela já não participa da ótica da conveniência e da utilidade, não se prescreve uma filosofia da vantagem. Seu espaço natural procede da diversidade do todo, reside na multiplicidade da unidade do ser e a promove. Sua essência firma-se no amor, na não-violência, na bondade e no conhecimento puro. Isso inclui também o autodomínio e a consciência dos limites na ação. Quem é deste cosmo há de ser capaz de concentrar o olhar e aguçar a visão, sem ter de aceitá-lo mediante delimitações e reduções fundamentais, há de poder estudar o microcosmo sem perder de vista sua participação no macrocosmo. E em tudo há de ver operar o mesmo princípio do devenir e do desenvolver-se.

Quem é deste cosmo e vive nele não aceita mais uma imagem definitiva do mundo, nascida de sistemas de pensamento fechados. Ao mesmo tempo claro e inapreensível, absoluto na intuição e na consciência interior e, em face dos limites do nosso conhecimento, sempre relativo e não mais que relativo, o processo do vir-a-ser está diante de nós. Muitos axiomas oriundos de experiências e segmentações padronizadas do mundo revelam-se absolutizações duvidosas ou até falazes. Trata-se da ilusão e, ademais, da dor da ignorância provocada pela atitude de atribuir caráter absoluto ao limitado e ao conscientemente reduzido. A nova ciência começa no princípio do conhecimento pela penetração nos problemas e na chance de nós mesmos sermos a parte do cosmo para o qual nos queremos voltar a fim investigar no amor e na não-violência. A ciência atual não tem tempo para perceber isso. Ela está sob uma pressão muito grande. Os programas de ensino e a redução da duração dos cursos criaram, em relação ao tempo, um espartilho que deixa pouca margem de ação, pouco ócio e poucas oportunidades, para aprendizes e mestres, de orientar-se no sentido de ir além dos limites. Sob a imposição permanente de adaptar a educação a um universo de trabalho sujeito a flutuações da demanda ao mesmo tempo rápidas e a curtíssimo prazo, a paciência, o lazer, a faculdade de admirar-se e também de alegrar-se com a cultura, a educação e o aprendizado na pesquisa ficam atolados no caminho. A isso se acrescenta a pouca disposição da sociedade de pagar uma formação adequada aos seus jovens, preferindo canalizar os necessários recursos para o material bélico e o transporte. No entanto, repensar e reorientar — talvez sem chegar sequer às categorias de uma nova ciência espiritual — não exige tanto assim. Grandes avanços já são viáveis. A reconciliação da ciência com a cultura, tal como já estava presente na idéia de universidade de Humboldt, é possível a qualquer tempo. Não é necessário nem recomendável abrir mão da muitas vezes inevitável especialização metódica. Decisivos são os ganhos integrativos que já se podem auferir da especialização. Decisivos são o reconhecimento dos contextos e a produção de comunicações contextuais, o reconhecimento de estruturas complexas e a construção de segmentos capazes de abranger a matéria e o objeto: com disposição para questionar a si próprio, as motivações e as pesquisas próprias, para estar aberto, para escutar e para proceder ao discurso independente e livre de dogmatismo. Essa disposição deve estar presente nos dois lados, no que ensina e no que aprende, no pesquisador e no educando. Pois também na ciência sistemática ambos permanecem unidos como dois lados que buscam. Analisar, conhecer, ensinar e aprender de maneira abrangente e contextual levam, na melhor das hipóteses, ao exercício daquilo que necessitamos objetiva, temporal, social, ecológica e globalmente: a arte de ver o conjunto, a arte do pensamento interligado, a arte da análise provida de agudeza e profundidade temporais, objetivas e contextuais. Quem praticar essa arte já não há de encarar, por um lado, o saber e a análise e, por outro, a intuição e a visão como estranhos e irreconciliáveis, e sim como fenômenos relacionados e estimulantes do conhecimento — como foi, comprovadamente, o caso de algumas façanhas científicas, ainda que quase sempre de forma irrefletida.

Nas chamadas ciências naturais, a disposição e a capacidade da visão contextual podem romper o domínio do aparato. *Junto à* mais precisa mensuração, as próprias "coisas" e os casos dados teriam novamente a possibilidade de falar e dizer o que são — assim como, na arte, nós as consideramos evidentes. Isso seria uma passagem para o verdadeiro racionalismo, que é profundo e não se estreita, e para uma racionalidade que também vê as precondições de seu objeto, assim como suas correlações e seus efeitos primários e colaterais. Isso seria a irrupção do espírito na ciência cada vez mais abrangente como pensamento analítico voltado para uma meta determinada. E isso seria muito, muitíssimo.

Não obstante, a nova ciência espiritual, da qual começamos a falar e à qual retornaremos, ainda vai além. Seu horizonte se mede pelas dimensões da sabedoria. À ambição de saber, ela opõe o respeito, o amor e a não-violência. Ela consagra o seu "objeto".

2. A ciência profunda se detém diante da mística

No passado, em virtude da estreiteza espiritual dos dogmas e da cegueira fundamentalista, certas ligações da religião/relação com Deus/busca de Deus com a ciência acabaram enveredando pelo obscurantismo inimigo do saber. Alguns sistemas de crença mutilaram o intelecto e, diante disso, as coisas ligadas à ciência se viram reduzidas à mera faculdade de compreensão. No entanto, o intelecto é a nossa mais rica fonte, não só no que se refere aos tesouros do saber, como também no que respeita à realidade do divino. Nele fluem, quando ele pode se desenvolver, o entendimento humano, a experiência dos sentidos, a razão e o conhecimento do sagrado.[3] Sem a totalidade do intelecto, não pode existir o fundamento de toda ciência verdadeira, ou seja, a união da *philia* (do amor) com a *sophia* (o saber) de que resulta a filosofia. Tampouco se poderia perpetrar um erro maior, no despontar da ciência cósmica, do que pretender negar ou invalidar — no detalhe e, em parte, também no conjunto — a extraordinária contribuição intelectual da história do espírito. Coisa que, aliás, não conseguiríamos, mesmo porque esses conhecimentos transformados em imagens do mundo nos perpassam, consciente e inconscientemente, não só o pensamento como a sensibilidade e a ação. Também aqui a integração do conhecimento essencialmente purificado e provado abre a janela para novas dimensões do saber e da consciência. As escolas da sabedoria e do conhecimento ocidentais, orientais e meridionais são capazes de integração e equilíbrio desde que aprendamos a concebê-las como variantes de um espírito primordial. Vários se juntam num caudal, pois este corre para o oceano das leis eternas e, portanto, para o da lei do fluxo e do movimento. Acaso é necessário frisar que o objeto e a evidência de semelhante ciência e filosofia são transantropológicos e, inclusive, transterrenos?[4]

Uma ciência — aqui no sentido espiritual — busca, além das formas, dos fenômenos e das particularidades, a origem, a essência e a finalidade da vida, do vir-a-ser e da mudança. Percebe, no seu ponto de partida, que o processo do vir-a-ser e do desenvolvimento não depende de um mero desdobramento evolucionário, mas de algo essencialmente anterior: a energia da criação e da vida! Os campos energéticos físicos, químicos e bioquímicos correspondem aos do espírito e da vida; e é essa correspondência que leva ao ser e ao desenvolvimento.

A origem, sendo o absoluto, está acima das formas; todavia, o desdobrar-se das formas e dos seres, o seu vir-a-ser e o seu transformar-se, modifica também o absoluto, ou melhor, adorna-o.

Dessa ótica resultam duas perspectivas maravilhosas: por um lado, que também o absoluto, também a energia original e vital, está em processo de vir-a-ser; e, por outro, que a conformação do vir-a-ser, na sua diversidade, na sua amplitude de variações e no seu esplendor, remonta à origem. Só essas duas perspectivas já justificam, ao lado do movimento científico de busca e orientação do espírito, o concomitante desenvolvimento espiritual daquele que busca o olhar contemplativo sobre o universo, em parte e no todo.

No mais tardar quando se coloca a questão da origem e da própria essência da energia vital, a ciência e o esforço de conhecimento revelam-se como a busca de Deus. Sem mencioná-la e sem tocá-la, o espiritual e o gerador da vida não se deixam conhecer. Eis as passagens entre a espiritualidade e a ciência. Aqui ambas se apresentam não como opostas, mas como parceiras em favor da unidade do ato de conhecimento total.[5] Sem o ingresso no divino, a essência da verdade e do saber ficam ocultos para a ciência; e uma espiritualidade que se acredite capaz de dispensar a força espiritual do pensamento e da ciência arrisca-se a sucumbir a enganos e projeções. Definir a divindade e aderir a ela na sua busca é, ao mesmo tempo, ponto de partida, esteio e parte do grande processo de conhecimento. Para chegar às dimensões da profundidade impalpável, eu preciso, por assim dizer, ter interiorizado a senha. Do mesmo modo como apenas a mera capacidade de compreensão nunca pode ser a base do reconhecimento da razão, mas necessita do conhecimento intuitivo da sabedoria intemporal, também o grande conhecimento original precisa da visão geral da experiência analítica e intuitivo-transcendental. E em toda visão profunda vale o seguinte: são as forças do logos que iluminam as experiências transcendentais e as tornam acessíveis ao homem. A partir da visão da ciência espiritual, ocorre o que se pode denominar iluminação, mediante o ato integrativo entre a experiência transcendental/olhar intuitivo e o processo de conhecimento. Cada um dos elementos participantes só se completa com a entrada do outro.

Albert Einstein, às vezes erroneamente considerado um físico materialista, referiu-se certa vez a essa relação da seguinte maneira:

"O mais profundo e maravilhoso estímulo que podemos sentir é a percepção do místico. Ela é a base de toda ciência verdadeira. Quem desconhece essa exaltação, quem já não pode se admirar e venerar profundamente, está praticamente morto [...] A experiência religiosa cósmica é a origem mais forte e mais nobre da pesquisa científica."[6]

Quem reconhece isso e vê na ciência espiritual o caminho da nova reconciliação da mística com a investigação científica, da aspiração ao divino, da busca de Deus e do esforço de conhecimento, faz perguntas sobre a orientação dessa ciência, sobre sua relação com a totalidade da criação, sobre os procedimentos, os métodos e a forma de conhecimento, sobre sua prática.

3. Participação na harmonia cósmica

"Toda matéria que existe no nosso meio, as substâncias que constituem a terra, e as plantas que nela brotam, e os animais que nela vivem, o material de que nós mesmos somos feitos — cada átomo isolado dessa matéria surgiu, numa época inconcebivelmente remota, no centro incandescente de um sol que pertence a uma geração de estrelas há muito desaparecidas. Nada do que constitui o nosso mundo cotidiano teria surgido sem esse poderoso processo cósmico. Foi necessária toda uma Via Láctea, com suas centenas de milhões de sóis, para gerar o que nos cerca no dia-a-dia."[7]

Hoimar von Ditfurth, um dos maiores jornalistas científicos do século XX e também um homem que sofre da nostalgia do absoluto, escreveu isso em 1970. Somos o resultado de acontecimentos incríveis ao longo de milhões de anos, o resultado de condensações e mutações assombrosas, o resultado de uma multiplicidade de improbabilidades contrárias a todas as ameaças. Isso faz pesar sobre nós, sendo criaturas da nossa Terra e filhos do universo, uma responsabilidade de dimensões cósmicas, pois esse processo de vir-a-ser é impensável sem o reconhecimento de uma missão de desenvolvimento. A forma esférica do planeta azul confirma essa missão. Aqui se exclui a fuga. E as condensações futuras, que estimulam o desenvolvimento, ocorrerão no âmbito de encontros inevitáveis — encontros nos quatro níveis do tu: com as outras criaturas, com nossos irmãos humanos, com o divino e com nós mesmos. Não são menores os momentos ameaçadores, nesse jogo de encontros, muito embora sejam diferentes dos da ciranda cósmica que conduziu a Gaia. Do mesmo modo, há um motivo pelo qual nós os podemos superar: é a experiência de não estarmos sozinhos e a de que a energia vital, que possibilita o nosso vir-a-ser e o nosso ser, guiou-nos até aqui a fim de continuar guiando-nos — rumo à experiência da unidade e da união. Nisso a ciência espiritual tem um papel decisivo.

A força do conhecimento e a do amor se ligam

Mediante o amor pelo "objeto" e seu escopo de conhecimento, a ciência espiritual adapta integrativamente aquilo que geralmente denominamos ética ou virtude, ao seu autoconhecimento e à sua práxis. O esforço pelo conhecimento e pela sabedoria funde-se com a noção de que o caminho para lá deve acompanhar as maiores virtudes humanas. São os seguintes os motivos: na trilha da sabedoria, a energia vital divina se oculta quando a abordam com uma atitude hostil à vida. É impossível detectar os impulsos vitais com a "tortura da experiência" (Francis Bacon); sem participação interior e com racionalismo exterior não se chega sequer a conceber a força do amor divino. Para os que se exercitam na ciência espiritual ou dela se avizinham, a orientação para as grandes virtudes e o empenho em realizá-las representam uma espécie de purificação; à medida que se exime de emaranhamentos e se livra de fardos, o espírito prepara o espaço para o desdobramento do conhecimento e da sabedoria.

Em capítulo precedente, eu já me referi a essas virtudes indispensáveis a uma vida voltada para a unidade. Vamos revê-las:
— o espírito de não-violência,
— a veracidade,
— a generosidade e o serviço,
— a ausência de ódio, mentira, vaidade e orgulho,
— a pureza de pensamento, visão, audição, discurso e ação.

Essas virtudes interculturalmente válidas correspondem à profundidade científica possível ao ser humano e, por conseguinte, à missão de desenvolvimento da própria vida consciente. Para a ciência espiritual, sua validade é ainda mais radical, pois aquilo que turva o processo de conhecimento turva igualmente a pergunta da missão do nosso vir-a-ser, assim como a da práxis de sua realização. O escopo, o caminho e o modo em que acontece condicionam-se mutuamente. Quem se entrega à busca da essência da origem, do desenvolvimento, da unidade e do amor já deve ter absorvido essas virtudes como aspiração e estímulo. E com elas, o fracasso e o recomeço purificado, o malogro e a persistência mais amadurecida!

O fruto das virtudes traz em si aquilo que é substancial para a ciência digna desse nome: a sensatez com sua dupla face. Josef Pieper designou corretamente essa face:

"Uma coisa é voltar-se para a realidade: aprendendo, 'assimilando'; outra é o querer e o agir sobre ela: decidindo, ordenando, determinando. Nesse aspecto da sensatez, reflete-se a verdade das coisas reais; neste, evidencia-se a norma do fazer [...] A sensatez "traduz" — aprendendo, dirigindo — a verdade das coisas reais na bondade do agir humano."[8]

Determinar: para a ciência antiga, esta palavra era ao mesmo tempo estranha e provocadora. Romper muralhas, seguir avançando, justificar os meios com os fins — isso transgride as normas. O que se chama sensatez, na ciência espiritual, determina bem cedo o critério, por obra das virtudes, sobretudo quando se trata de adquirir poder científico dispondo de outras vidas, interferindo irreversivelmente etc. Quando a *aquisição* e a exigência potencial já estão disponíveis, o uso não chega sequer a ser um problema. Quanto mais desmesurada for a ciência espiritual na ampliação da força do intelecto e da nostalgia do divino, na convergência da realidade com a experiência transcendental, tanto mais compreensivelmente ela há de sacrificar possibilidades sempre que houver o risco de transpor limites no âmbito das virtudes. O amor e o respeito determinam a profundidade da intervenção e o método de doação e análise. A própria força do amor transforma-se em força de conhecimento e em companheira preventiva da curiosidade. Também o saber metafísico se opõe às descuidadas e desconsideradas incursões do saber especializado. A ciência espiritual vive da empatia. E, na busca da verdade e da sabedoria, também conhece a tristeza: tristeza, nesta época, pelo aviltamento da vida, tristeza pelas possibilidades perdidas, mas também o triste esforço de impedir que os novos horizontes do possível fiquem definitivamente obscurecidos pelo sofrimento do presente.

Na tristeza que vem do coração, há sempre uma contrapartida: ela tem profundo respeito pelo passado e pelo presente e exprime sua unicidade e irrecuperabilidade; mas também alivia e liberta a alma e o espírito das forças do passado e, assim, abre caminho para o novo. Por isso, a tristeza também oferece um acesso e uma contribuição próprios e incomparáveis ao conhecimento. Em outras palavras: ali onde a morte das florestas e a poluição da água não despertam nenhum sentimento, ali onde o sofrimento do depreciado mundo animal nada abala e ali onde a situação da humanidade não inquieta, ali se perdeu o contato com a profundidade da vida. No entanto, só na profundidade é possível o conhecimento. E, sem o conhecimento, não há salvação e reconciliação verdadeiras, não há crescimento positivo.

Portanto, a ciência espiritual não se aparta da vida, mas participa dela. O seu vincular-se defronta-a com a luz e com a sombra, com o viabilizar e o malograr. Desse modo, ela pode iluminar a vida na sua totalidade; desse modo, ela consegue trabalhar com a arte da vida e, enfim, ensinar essa arte. É o próprio processo vital — não tanto a idéia especulativa e a experiência isolada — que leva à realização por meio da experiência. O próprio processo vital põe à prova todo saber considerado irrefutável e previne a fixação e o enrijecimento do pensamento. Assim, o criativo ganha espaço ao lado do habitual, assim, a surpresa há de sempre romper as muralhas do dogmatismo científico e religioso. E, assim, surge sobretudo essa extraordinária autocompreensão da ciência, a convivialidade,[9] ou seja, o desejo da justa convivência da multiplicidade e da unidade e de um novo desenvolvimento da técnica a serviço da vida.

Em que medida o desprezo, a baixa estima, a carga de preconceitos e a antipatia causaram a paralisia e o bloqueio do conhecimento no passado? Afinal, foram essas qualidades que fecharam as portas ou as mantiveram fechadas. A convivialidade pode ser encarada como um programa para fazer essas qualidades retrocederem, para superá-las, mediante o processo de participação e união. Para quem está no movimento e dele participa, as coisas — inclusive as emoções — hão de se manifestar por si sós; hão de comunicar, no seu modo de expressão, aquilo que elas são. Essa atenção aos acontecimentos, ao ser, tem qualquer coisa da candura e do desprendimento com que as crianças são capazes de sentir. Ao mesmo tempo, essa atenção e essa participação despertam as boas e profundas forças do cuidado, do respeito e da reverência. O cuidado, o respeito e a reverência pela vida isolada e pelo conjunto do processo vital me afastam do emaranhamento autorreferente e abrem espaço para que o "outro" se manifeste e se revele. Nesse sentido, escreve Hubertus Mynarek a propósito da natureza:

"O respeito não é apenas um sentimento cordial que simplesmente manifestamos ao reconhecer a natureza, mas que também podemos deixar de lado e que, supostamente, não contribui propriamente para o conhecimento; ele é muito mais a atitude sem a qual jamais conseguiremos vislumbrar basicamente o valor e a profundidade essencial da natureza. Desse ponto de vista, o respeito é nada menos que um órgão de conhecimento, e, sem ele, o homem não pode fundamentar o significado do universo da natureza e também não contribui com absolutamente nada para o aperfeiçoamento da forma de seus sentidos."[10]

O respeito pelo eu do meio ambiente, pelo eu das outras criaturas e pelo Eu divino... continua incompleto se a ele não se juntar o respeito pela própria vida. Eu tenho respeito por mim mesmo? Percebo-me também como o grande espaço participante do segredo do vir-a-ser e do crescer? O respeito e a atenção pela parte cósmica e criada do meu ser e da minha essência intensificam o respeito pela vida em toda a sua extensão. Elucidam o meu significado e o meu valor, a minha responsabilidade e os meus limites, a minha missão no serviço do todo! E já não existe escapatória, pois em todos os momentos hei de estar em contato, por meio da consciência, com o meu eu no contexto universal. E desprezo por si mesmo significa restrição da capacidade de conhecimento pela cisão da consciência e pela diminuição das forças do vínculo. A estagnação da pessoa freia o desenvolvimento do todo.

Ter intimidade com o mistério

A ciência espiritual precisa de instrução espiritual. Investem-se muitos anos, no contexto da socialização de um cientista da natureza e também de um cientista social, não só no acúmulo de conhecimento como também na formação metodológica e sistemática. O uso de técnicas e procedimentos especiais demora meses, às vezes anos, para chegar a novos conhecimentos sobre uma questão específica da pesquisa. Nesses períodos de investigação, os cientistas devotam muitas horas diárias ao seu objeto e aos métodos empregados. E passam uma parte considerável da existência com os fenômenos pesquisados. Raramente os leigos têm consciência dessa dedicação que lhes afeta inclusive a vida extra-profissional.

O que vale e é até indispensável para as disciplinas especiais da ciência tradicional tem um significado básico comparável na ciência espiritual, posto que com motivação e prática diferentes. O respeito pelo ser na sua totalidade e extensão, assim como o espírito de não-violência, estabelece limites para a intervenção científica na vida. Ao mesmo tempo, o ilimitado estimula o espaço espiritual do processo do ser e do vir-a-ser, com instruções e orientações abrangentes, a ampliar os limites também na capacidade de percepção e interpretação. E isso é impossível sem o aprimoramento constante de nossas "técnicas de percepção" e sem a crescente sensibilização dos nossos órgãos de percepção, tanto os externos quanto os internos. Isso também é impossível sem a ligação com a realidade pesquisada. A ciência espiritual se efetiva no fluxo da vida. Ela passa a fazer parte da própria vida dos que têm vocação científica.

"Ainda que estudes
Em cem mil livros,
Fica sabendo: Ao amor
Isso não te levará!"
(*Qadi Qadau*)

A instrução espiritual apóia-se na consciência de que apenas o estudo não leva ao conhecimento do que é divino nem ao da essência do uno. Sobretudo, conserva-nos apartados da experiência direta. O conhecimento e a experiência, ou seja, o conhecimento pela experiência remete à mais elevada forma de acesso ao saber e à melhor qualidade do conceito de conhecimento: a abordagem intuitivo-contemplativa do próprio objeto. Essa já é a verdade do "antigo" misticismo e está intemporalmente acima das diferenciações dos sistemas especiais de conhecimento. Na abordagem e na abertura contemplativas, os purificados olhos interiores da alma colocam-se mais clara e penetrantemente diante de toda a realidade. No silêncio do espírito e da alma, deixa-se de lado aquilo que o pensamento categórico e avaliador domina, limitando e fixando. Cresce a capacidade de admirar-se ante toda intervenção do conhecimento, e a todo momento ressurge o respeito em maior profundidade. Aqui se encontra a serenidade diante da impossibilidade de tudo compreender, a serenidade diante dos supremos segredos do universo. O homem, externa e internamente calado, adentra com uma nova inocência o espaço de toda a criação, inclusive o da sua própria.

Tal como a luz ante a escuridão comporta-se o silêncio contemplativo em face de toda apresentação exterior do ser, inclusive a das palavras. Assim como a luz só desvela o verdadeiro em face da experiência da escuridão, todas as essencialidades perceptíveis com os sentidos exteriores só chegam à plenitude essencial a partir da experiência do silêncio e do encontro no espaço da nostalgia espiritual. A cada passo que se avança nesse caminho, que não conhece nenhuma prova ou exame final, aumenta a capacidade de estar totalmente presente e, assim, aberto a novas percepções, aberto para o futuro, aberto para o espaço ainda oculto do não-nascido, do que aguarda a realização.

Sem aprendizado e exercício contemplativos e sem a integração da contemplação ao cotidiano, não existe ciência espiritual. Pois, como o espírito do desconhecido e do novo há de se revelar se não se lhe preparou o espaço? Mesmo quando a ciência espiritual transita, provisoriamente, nas pistas das escolas de conhecimento tradicionais, a contemplação se liga, atrás e à frente, ao saber, iluminando também o fazer experimental e empírico. Mas, acima de tudo, ela esvazia continuamente os nossos mundos interiores ideológicos e, assim, previne o enrijecimento e a confusão da percepção e do espírito, fornecendo-lhes o ar de que vive qualquer ciência que mereça esse nome: a criatividade.

O que é válido para o caminho de todo homem misticamente orientado constitui igualmente a ciência espiritual: a unidade da ação e da contemplação, os intervalos que se complementam e interpenetram entre o saber e o calar-se respeitoso, purificador, o cotidiano movimento pendular entre imanência e transcendência.

O exercício interior do soltar-se — voluntário ou não — é, ao mesmo tempo, uma escola para os sentidos exteriores e a percepção sensível. A purificação do espírito na disciplina do soltar-se também apura e aguça os sentidos. Então estes se abrem para toda a riqueza das percepções. A purificação espiritual livra a percepção sensível das significações e ordenações aparentemente claras. Restringe as delimitações que uma imagem limitada do mundo impõe e tem de impor a um espírito limitado. Por meio das primeiras impressões sensíveis, o "outro" percebido, o tu experimentado, fala de sua essencialidade ainda maior, a qual, por sua vez, só o espírito purificado consegue entender.

A árvore que eu vejo é, a princípio, a árvore cujo significado vem até mim do conceito "árvore" e do que ele representa culturalmente. Embora à minha frente, bem perto de mim, ela está separada, é um outro ser. A percepção se dá pela distância. Ora, no enxergar desperto e atento, no ver através dela, no unificar-me com ela, a árvore mostra mais de si e também de mim. Ela e suas irmãs purificam o ar que eu respiro, são uma extensão dos meus pulmões fora do meu corpo; portanto, por intermédio do ar e da respiração, estão permanentemente ligadas a mim, unidas a mim.

A princípio, eu percebo o corpo que me pertence como a sede de todo o meu ser-pessoa, e também do anímico. Ora, no enxergar vigilante e atento, no ver através dele, no unificar-me com ele, meu corpo me mostra mais. Mostra-me a unidade do cosmo, do físico e do psíquico; mostra-me que aquilo que denominamos alma não está nele, que ele reside no campo de consciência da alma.[11] O cosmo no qual eu existo é a minha alma, que toma forma pessoal em mim.

Obviamente, em tais percepções, fluem também conhecimentos básicos de ciência natural que nos impregnam o saber, completando e confirmando nossas percepções sensíveis e espirituais. E devemos ficar agradecidos às ciências tradicionais por nos conscientizarem de certos aspectos invisíveis dos fenômenos naturais. A ciência espiritual — e ela se considera muito mais uma complementação que uma rival — apropria-se também desse conhecimento e procura torná-lo experimentável. Torna a vinculá-lo a nossa percepção profunda, reintegra-o a uma visão de mundo cada vez mais totalizante.

O aprendizado da percepção e dos sentidos alivia aquele que busca a verdade e a sabedoria da volumosa carga de impressões de que a vida exterior cumula diariamente a audição, a visão, o olfato e o tato. Ajudam muito os exercícios de concentração, vigília e atenção. O desenvolvimento desses exercícios dilata o caminho pelo qual passamos a encarar de outro modo as plantas, os animais, os seres humanos, os elementos e os corpos celestes, mas também as cores, as imagens, os motivos e os símbolos. O exercício se estende por toda a prática da vida, todo o ser transmuda-se num aprendizado constante. Um ponto de vista é um ponto de vista, não uma verdade abrangente. O fixar-se contradiz o fluir e a dinâmica de todo ser. Os conceitos têm caráter provisório e alteram seu conteúdo à medida que aumenta o conhecimento da essência do conceituado.

Com o exercício da contemplação e o aprendizado da percepção, modificam-se também as coordenadas internas do tempo. O tempo-cronos, que avança implacavelmente como as horas no relógio, torna-se mais permeável à sensibilidade do olhar, do momento especial, do Kairós. Nele, o eterno invade o temporal, o "céu" toca a "Terra".[12] O intemporal penetra a hora e revela cada momento como o presente fundamental que, potencialmente, tudo contém.

"O momento é a veste de Deus", diz Martin Buber. No momento e na capacidade de percebê-lo, mostra-se a atualidade do divino, que nós denominamos eternidade. Por um instante, parecem suspensos toda a temporalidade e o nosso envolvimento nela. Por um instante, o novo possível torna-se visível, liberta-se das circunstâncias do presente. No Kairós, ocorrem situações que determinam o rumo da história — pessoal, social, cósmica. São as situações de decisão, de inspiração e de transformação. O tempo parece parar, e o espaço, dissolver-se. Ora, tais situações podem significar muito na história; afinal, existem inúmeros fluxos históricos paralelos e concomitantes, quase tantos quantos são os seres humanos. E cada um deles flui com velocidade própria. Na percepção do Kairós e por meio dela, resulta que não existe história: trata-se de ver e compreender cada momento histórico no conjunto de todos os fluxos — no mar da unificação. No momento, os fluxos do até agora se fundem numa nova síntese, na qual o histórico desaparece: na chegada do novo e na sua realização. A percepção do Kairós estimula. Estimula o que busca a verdade a realizar. Abre o espaço vital da infinitude para que ele tome novas formas e prossiga o seu desenvolvimento no finito.

A diversidade das exteriorizações e a totalidade do processo do ser: eis o objeto da ciência espiritual. E que riqueza incomparável oferece a arte!

Sem ela, a ciência corre o risco de petrificar-se no mero materialismo e no parcelamento.[13] Nós devíamos atualizar a afinidade com a arte elevada, a fim de fazê-la avançar, comparavelmente à ciência, rumo às proto-imagens e às imagens primordiais do ser e do vir-a-ser, e ajudá-las com o máximo empenho a encontrar expressão — na imagem, na forma, no movimento e no som. Como auto-expressão da criação, ela comunica algo de sua essência e permite que a criatura reconheça a si mesma. Na sua diversidade, o conhecimento se reflete numa linguagem especial. Com razão, certas tradições da história espiritual a encaravam como a modelagem da essencialidade visível e invisível, do impulso visível e invisível do ser. Essa arte pura, conquanto gerada pela personalidade do artista, exprime igualmente o supra-individual. Nascida como olhar contemplativo, nela o intemporal se dá em forma essencial. Sua imagem, seu movimento e seu som imitam o universo e acrescentam-lhe algo novo. Nesse sentido, toda obra de arte tem um efeito cientificamente esclarecedor, dilata o espaço do conhecimento — tanto no processo de criação quanto na recepção e na percepção.

A arte testemunha o que o ser humano é capaz de produzir em termos de conhecimento criativo. É o elemento do cosmo criador amadurecido e aperfeiçoado no homem. E, simplesmente pelo seu esplendor, beleza e estética, remete ao esplendor do ser, à aura do absoluto, do vir-a-ser e da verdade. A beleza e a estética da criação têm um valor próprio de ultimato. À medida que remontam à origem, exprimem o fim supremo do devenir. É na beleza e na estética, não na uniformidade e no deserto, que este planeta deve se desenvolver e elevar-se como parte do acontecer cósmico. "Deus é belo e ama a beleza", diz uma canção sufi. Por intermédio da arte como elemento da ciência espiritual, sempre nos lembraremos dessa relação e por ela nos nortearemos.

A ciência espiritual integra. A força do conhecimento e da aspiração ao divino, o respeito e o entendimento, a humildade e a formação, o diagnóstico e a cura nela confluem e nela se enriquecem mutuamente em conteúdo e expressão, em forma e movimento, em contemplação e ação. Mediante semelhante integração, desaparecem as separações. O objetivo e o subjetivo, o interior e o exterior já não se mantêm separados. Embora haja graduações na abordagem e no conhecimento do sensivelmente perceptível e do mundo espiritual, não existe nenhuma diferenciação fundamental. À compreensão racional, o sentimento opõe o contrapeso de uma valiosa forma de conhecimento. Ver com o coração e abarcar e medir com os olhos — eis os passos integrantes rumo à experiência de estar ligado.

E acaso pode haver ciência espiritual sem a força do eros — sem a paixão, a sensibilidade da ternura, do cuidado e do amor? No contexto da nova ciência, não encaramos o eros e o sentimento como simples impulsos sentimentais da psique, mas como a expressão integradora do ser na sua totalidade. Leonardo Boff:

"No sentido clássico, eros é a força que nos enche de entusiasmo, alegria e paixão pela comunhão com as coisas que sentimos e valorizamos [...] e nos permite, finalmente, procurar Deus [...] Seu impulso de reconhecer as coisas, de organizá-las e dominá-las teria a razão de eros inerente. O eros é o impulso daquela mística que leva os cientistas a sair em busca da fórmula que decifra as estruturas da realidade... O especial no eros está no fato de o sujeito unir-se ao objeto por meio da compaixão, do entusiasmo e do ardor."[14]

É a força do eros que mantém em constante movimento a aspiração à beleza e a estética. A medida que lhe é necessária para não transbordar, o eros a obtém pela contemplação, pelo jejum, pela purificação de sua força motriz e também mediante o esforço, a perseverança e a disciplina, sem os quais é impossível dar um passo no caminho da espiritualidade.

O caráter integrativo da ciência espiritual requer franqueza e diversidade, inclusive no modo de comunicá-la. Aqui vale o *anything goes!* A linguagem formal, a entonação — e o som, a expressão iconográfica e simbólica, a poesia e a prosa, tudo representa a diversidade da unidade, revelando-se e completando-se mutuamente, para a orquestra criadora feita pelo homem. A sinfonia resulta da harmonia visual e da consonância.

4. A chama da renovação

A ciência espiritual ilumina e revela o milagre da criação. O ar fresco de sua essência franca *e* ao mesmo tempo integrativa, assim como seu vínculo com o mundo *e* ao mesmo tempo com o transcendental, pode, na verdadeira filosofia, retemperar o amor em sabedoria. Ele faz parte do processo de conhecimento e do próprio conhecimento. Em sua força, encontra-se o acesso ao grande segredo da ciência mais profunda. Este fogo revela, aos que buscamos, que somos, simultaneamente, filhos do homem e filhos de Deus e que dispomos, também simultaneamente, da força material e da força espiritual — assim o queremos como serviço em nome da criação e de sua própria conscientização.

Esse fogo atinge também as escrituras sagradas. A exegese espiritual liberta-as dos resíduos da história e faz com que o seu núcleo essencial e suas mensagens intemporais brilhem com toda a nitidez. A dimensão e a marca interiores dos grandes acompanhantes culturais da humanidade renascem desde que se supere a estreiteza disciplinar e temporal da erudição tradicional, inclusive da teologia e da ciência das religiões: por meio da razão e do coração, do entendimento e da intuição, do esclarecimento e do amor.

A ciência espiritual está a serviço do reconhecimento e do conhecimento profundos. Todavia, ela sempre traz consigo um significado de caminho de desenvolvimento para o homem isolado. Com o conhecimento, o próprio ser torna-se reflexivo; com a mudança do ser, amplia-se o âmbito do conhecimento. Isso impõe exigências especiais à relação professor-aluno, isto é, ao que se refere ao processo de desenvolvimento como caminho e ponto transitório da vida.

Antes de tomar o veneno, Sócrates passa o último dia de vida na companhia dos discípulos. E, no caminho, ensina-lhes que, quando da sua partida, eles terão de se apoiar em si mesmos, em seu próprio espírito, em sua própria consciência desperta. E a "grande narrativa da morte de Buda" prescreve:

"Deveis apoiar-vos unicamente na doutrina, não uns nos outros! Só de vós mesmos deveis depender, cada qual do seu próprio conhecimento e da sua própria decisão pessoal, não do mestre. Ele partirá; e, então, cada um contará apenas com a sua força de vontade e com a sua experiência; à parte isso, não haverá nada nem ninguém."[15]

O caminho do conhecimento é o caminho da união — no tempo. As professoras e os professores vão adiante, inauguram, intensificam e acompanham o processo. Porém, mesmo assim, não são "mestres". Sua pessoa recua, colocando-se por trás da doutrina, e concentra toda a energia na libertação do próximo: libertação para se tornar consciente, libertação para si mesmo, libertação para o divino. Eles aconselham e soltam. Lutam pela libertação e libertam. Evitam ligações que possam levar à confusão ou a uma sobreposição amalgamadora entre mensagem e mensageiro. Naturalmente, o homem que instrui deve estar amplamente identificado com a doutrina, mas nunca para salientar a própria personalidade, e sim para servir de exemplo. Qualquer um que tenha experiência de professora ou professor, na escola ou na universidade, percebe que os melhores mestres são os próprios alunos — como filhos de seu tempo, com suas perguntas, seus problemas, suas esperanças, seus temores e suas aspirações.

Justamente nos círculos espiritualistas atuais, o culto ao mestre tende a renascer e a reforçar-se, com casos de veneração e humilhação perante as mestras e os mestres deste ou daquele caminho espiritual; e com os deslumbramentos e desvios correspondentes. Quem se considera mestre e como tal se deixa designar nada compreendeu da missão espiritual. Libertação, franqueza, humildade e serviço: nisso consiste a tarefa. E nela não há exame final com avaliação de desempenho e classificação.

"Quanto a vós, não permitais que vos chamem 'Rabi', pois um só é o vosso Mestre e todos vós sois irmãos", disse Jesus certa vez às multidões e aos seus discípulos (Mateus 23.8). Essa frase é um verdadeiro programa para a ciência espiritual, para a fraternidade dos alunos e professores que juntos empreendem a busca comum.

Para quem se orienta para o todo no interesse do conhecimento, da mudança e da salvação, a experiência da totalidade também deve determinar permanentemente o dia-a-dia do processo. Não se trata de estar unidos somente nos eventos "oficiais"; trata-se, isto sim, de viver sempre unidos, ao longo dos dias ou das semanas, e de compartilhar o decorrer de cada jornada, de participar. Só assim os elementos e processos cognitivos, sociais, emocionais e contemplativos podem se entrelaçar e, juntos, crescer como totalidade da experiência. Só assim o labor do saber, a experiência da natureza e a arte podem se enriquecer mutuamente, sem que grandes distâncias, no tempo ou no espaço, impossibilitem a harmonia. Só assim é possível exercitar uma disciplina cotidiana, sem que cada partida seja em vão. Algo desse princípio está vivo na idéia da universidade e algo dessa utopia é realizado em certos *ashrams* indianos. Para a concepção da ciência espiritual e a realização nas academias espirituais, elas precisam reviver e expandir-se; tal como ocorre nos princípios do Schuhmacher-College, na Inglaterra, e do projeto de Matthew Fox, na Califórnia.[16] Recoloca-se a questão de como professores e alunos hão de se encontrar.

5. A realização

Ciência espiritual — essa expressão une o aparentemente incompatível. Assim também se apresenta o "grupo-alvo". Aliás, nem tudo o que se manifesta na forma de expressão consciente da vida tem aqui o seu lugar *per se*, mas pode encontrá-lo no processo de consonância, de busca séria e disciplinada na comunidade, de disposição para ouvir e aprender, de integração da ação à contemplação. Integrar os diversos dons, carismas e acessos ao mundo, libertá-los e desenvolvê-los uns para os outros e alinhá-los ao todo — eis o que deve acontecer. O artista e a dançarina, o místico e a cientista da natureza, o médico e o xamã, o químico e a geomante... estão convocados — desde que, por trás de toda a sua vida e de todo o seu esforço, por trás de todo conhecimento e de toda expressão, esteja a busca do divino, do de onde e do para onde, das forças criadoras do ser. Assim, empurradas pelo espírito de não-violência, recuarão devagar as forças destrutivas e demoníacas que, durante séculos e muitas vezes involuntária e inconscientemente, foram liberadas pela ciência tradicional.

Para a realização da utopia da ciência espiritual, seria arriscado apoiar-se no conhecimento e na disposição para mudar das instituições de ensino tradicionais. Podem-se expressar idéias parciais e integrá-las ao programa de um ou outro nicho, por meio de uma ou outra pessoa — porém mais do que isso não será possível num período previsível. A falta de conhecimento, uma concepção fundamentalmente diferente do ensino, e sobretudo o predomínio de interesses hostis à totalidade opõem-se à ampliação e à renovação espirituais de nossas universidades. E talvez seja melhor assim. Quanto menor o peso estrutural, financeiro e conceitual que o recomeço tenha de levar consigo, tanto mais rápidos e decididos serão os primeiros passos. E não é preciso muito: nenhum recurso estatal, nenhuma fábrica de saber de concreto armado, nenhuma megatécnica. Reunir-se em lugares não erigidos pelo homem, para compartilhar, uns com os outros, um período de tempo e uma fatia da vida dedicados à busca; entrelaçar a experiência e o saber, com respeito mútuo e união, já seria um começo. Um começo que poderia ter o seu ponto de partida em vários lugares do mundo. E nenhuma tentativa, por hesitante que fosse, seria pequena ou insignificante. As necessárias revoluções em prol da reconciliação com o universo ainda tardarão décadas, talvez séculos, para tomar a forma de movimentos de massa. É mais provável que sejam depositadas como sementes no solo da história, para brotar quando o tempo estiver maduro para tanto. Eis a missão e a legitimação, e o Kairós está aí para isso.

Olhemos para trás um instante. A praça do mercado era o fórum de Sócrates e seus discípulos. Já no século XI, homens isolados estavam dando início às universidades européias. Longe das instituições de ensino dogmaticamente petrificadas e dominadas pelo clero, muitas vezes sem cultura e sem cátedra, eles ofereciam sua experiência e seu saber onde quer que houvesse discípulos. O sucesso na forma de afluência deu-lhes razão. Foi essa a origem da Universidade de Paris (*ca.* 1180-1200), entre outras, primeiro como associação gremial (*universitas*) de professores e alunos para o livre cultivo de uma ciência livre.[17]

VII. Além de Todas as Fronteiras — O Mensageiro da Unidade Universal

~~~

Nós começamos com uma reflexão sobre a violência e, tendo passado pelo espírito de não-violência, chegamos ao conhecimento da unidade cósmica e indagamos a respeito da contribuição que a busca do conhecimento espiritual pode dar ao caminho de um novo tempo. Nesse avançar, o fundamento supremo, o originalmente essencial, o divino, foi se deslocando cada vez mais para o centro. Dele provêm e para ele convergem todo ser e toda existência. Quando os homens nele se reencontrarem e a ele se unirem, os parcelamentos e a alienação dos estratos atrasados da humanidade serão superáveis. A ciência espiritual pode estimular o conhecimento correspondente e também preparar os caminhos. Porém, a elevação possível exige mais do que isso.

1. Os precursores de um novo tempo

Quem não tem o olhar permanentemente atado aos fenômenos e acontecimentos do mundo natural imediato, quem se abriu para o horizonte e o alcançou deveras, enxerga a vinculação do nosso ser à totalidade do cosmo. O universo é a sua pátria, sendo a Terra a sua morada e o seu espaço vital.

A suprema aspiração do homem o atrai para a totalidade. Sobre ela se erige a sua fantasia e a sua força criadora, a sua diversidade de idéias e as suas inclinações. Na totalidade do cosmo como teofania, cada qual se reconhece parte dele e sabe-se nele abrigado. Na fronteira do horizonte, a realidade se revela como a que está por trás de todas as realidades, inclusive da religiosa. Descobri-la como a totalidade suprema e nela viver e vivê-la — eis o que basta para dar fim à sujeição humana.

Essa noção já está presente, quase tudo foi dito. Todavia, enquanto ela não se tornar consciência e não se realizar concretamente permanecerá o dito pelo não dito. Enquanto a alma não reconquistar, lutando, sua liberdade primordial e final rumo ao cosmo, deixando para trás as tendências, as comodidades, os hábitos e todo tipo de atitudes mecânicas, tudo que se fez continuará como se não tivesse sido feito. A liberdade para a essência é a precondição da transformação do caos em cosmo.

A luta pessoal e coletiva pela liberdade ganha impulso e torna-se mais branda com a construção de campos espirituais e com as correspondentes orientações para a ação. Toda nova era precisa de precursores diversificados e iluminados: homens que oponham o futuro etos, como conhecimento e forma de vida, ao emaranhamento na irreflexão, na rotina e na autolimitação espiritual; fazer sem visar aos resultados e ao "sucesso"; fazer pelo bem do conhecimento e da necessidade dentro e fora do tempo. As existências proféticas questionam o existente meramente pelo seu modo de ser e pela sua presença, tornando perceptíveis e experimentáveis as tendências da época. Isso pode acontecer discreta e silenciosamente. Sendo força de mudança, o novo espírito refulge, mesmo sem aparições espetaculares nem discursos retumbantes. Justamente nos dias de hoje, em que a concorrência dos meios de comunicação de massa fomenta permanentemente a produção do extraordinário e de "sensações" que tocam as raias do abominável, a resposta que indica o modo diferente de ser fala no tom adequado: suave e baixo, mas firme; tranqüilo, porém claro e conseqüente; no meio, mas apontando para muito mais além.

Ser precursor de uma nova era — para nós que vivemos sob o signo e no espaço simbólico da virada do século — significa liberar e unir nossas possibilidades máximas. Na malha da vida e no crescimento rumo ao espírito da união, não há nenhum caminho apartado e isolado para a realização e a redenção. Também aqui a comunhão na busca, no fazer e na experiência precede e viabiliza a mudança. O espaço espiritual, no qual pode surgir essa comunhão, está preparado e totalmente presente. Inúmeros fios já foram criados por inúmeras pessoas e projetos. Só falta tecer com eles a malha da unidade.

Os precursores do novo tempo são precursores de uma era espiritual, da transformação num ser mais consciente, mais abrangentemente íntegro e, por isso mesmo, superior. Trata-se nada menos que de um salto qualitativo. Como seres espirituais que somos, é nossa missão abrir caminho nesse processo de transição, o que confirma a imagem do homem filho de Deus. O filho quer e precisa crescer e deve dar a sua contribuição para a construção de um mundo no qual o divino ilumine o ser e o vir-a-ser. Mas, para tanto, ele precisa abandonar os horizontes do jardim da infância e superar a inocência criada unicamente para uma determinada fase da vida. Isso parece radical e é radical, pois afeta, inclusive, aquilo que encaramos como nossas raízes interiores. Para alguns, pode parecer impossível. Mas só quem se propõe o impossível chega a alcançar o possível nos limites de sua existência — na comunhão dos que buscam, numa expectativa que desafia todas as tendências opostas e destrutivas e na confiança na ligação e no auxílio divinos. Ainda que, em face da situação na Terra, algumas vozes não excluam o fim da história humana e até o considerem provável, o significado do ser está no desenvolvimento, não no genocídio. E, apesar de toda devastação, esse significado conservará o seu poder de irradiação e a sua energia vital. Pois ele é *o* significado e nenhuma loucura humana é capaz de extingui-lo.

2. A essência, não uma mescla — A unidade dos que buscam a Deus começa antes das religiões

A unidade do divino, que sublinhamos em capítulo anterior, transcende todas as religiões numa religião cósmica e estimula o avanço para uma espiritualidade da unidade e do vínculo no espírito de não-violência.

Quando ruem os conceitos e as doutrinas, os atos mecânicos e irrefletidos, a segurança mediante fronteiras e limites, a primeira coisa que surge é uma suprema insegurança. Mas não tarda a revelar-se que a aspiração ao absoluto e a esperança de perfeição são verdadeiramente universais. Nessa aspiração, nós oramos ao mesmo Deus; nela, os núcleos essenciais de todas as religiões se encontram e se fundem. As diferenças começam abaixo desse nível; ora, trata-se do absoluto, nada menos que isso. Esse fato não diminui a importância do respeito pelas particularidades dos numerosos caminhos religiosos. Mas quando a aspiração ao divino se une à aspiração à unidade de toda a vida, elas se tornam tanto mais relativas quanto mais fortemente expressarem dados culturais condicionados pelo tempo, pontos de vista e peculiaridades. O que importa, então, é apreender o significado interior da identidade mais profunda e despertar essa identidade para a vida. Não se trata de uma fusão sincrética das religiões nem de sua amalgamação sentimental. Trata-se do retorno ao nosso futuro, que já estava embutido na origem, trata-se do redescobrimento do único no todo.

Na sua relação com o homem, o divino se realiza mediante o deslocamento das coordenadas para um novo significado. Seu cerne está no seu efeito, não mais na sua definição e na sua circunscrição. A aspiração máxima do religioso passa a ser a união com esse efeito e, desse modo, com a origem do efeito, não mais o ficar parado diante da ponte que conduz a ele. O pensamento e a ação dirigem-se inteiramente para o divino, para a realização das virtudes da não-violência, da salvação e da renovação do ser. De modo que já não temos necessidade de oferecer nenhum sacrifício exterior de nenhum intermediário exterior entre Deus e o homem. O próprio divino tem um efeito profundo em nós e, por nosso intermédio, penetra a práxis do mundo.

> "Encontrei Deus na morada do meu coração.
> Quando um rio se perde no Ganges,
> ele se transforma numa parte do Ganges."
> (Kabir)

Nós respiramos a misericórdia divina e podemos senti-la se assim o quisermos e se dermos à respiração espaço interior onde se expandir. Essa misericórdia não tem objeto e, como presença da pura paz divina, é pura dissolução em meio aos objetos e às lutas deste mundo. A partir dessa paz, como vivência transcendente interior, pode se desenvolver uma paz duradoura como cultura e política na beleza e na plenitude. E dessa paz procede a entrevisão e a experiência imediatas da harmonia cósmica.

O que abandonar: as imagens, as tradições, os rituais

As raízes comuns da raça humana — pouco importa de que família geográfico-cultural-religiosa — existem e são fortíssimas. Por meio da interpretação e da tradição, surgiu e prosperou tudo quanto separa. Os fundadores das religiões, como Buda e Jesus Cristo, não evitaram a formação de diferenças com novas doutrinas e arranjos relacionados com o culto. Eles descortinaram, para os homens que quisessem ver, o claro panorama do caminho divino puro. Nós podemos voltar a trilhá-lo a partir da percepção e do saber da nossa época. Mas não o conseguiremos sem abrir mão dos ensinamentos e dos modos de pensar teológicos dos últimos séculos, assim como das imagens de Deus a eles ligados. O labirinto desses constructos, sua defesa e a adesão a eles obstruem o livre desenvolvimento da relação com Deus e impedem os que empreendem a busca de se aproximarem uns dos outros no caminho. A árdua subida pelos trechos íngremes, à beira de fundas ribanceiras, só é possível com uma bagagem leve e com um guia que se chama aspiração.

Ao nos voltarmos para Deus, abrir mão de imagens e doutrinas secundárias livra-nos de enganos e ilusões mesmo que, justamente por isso, novas ilusões venham a preencher o espaço recém-liberado. E também será preciso abandoná-las, assim como será preciso renunciar a nossa percepção do eu. É possível que alguns se atemorizem com semelhante idéia, pois ela, além de questionar a "segurança" que acompanha a doutrina, suscita sentimentos de culpa. Mesmo sem levar em conta que o aqui descrito desejo de realização pessoal do homem, depende da espontaneidade e de uma orientação interior claramente percebida, e só afeta as pessoas capazes de compreender a ambas, eis o que se revela no surgimento do medo e do sentimento de culpa ligados aos sistemas religiosos: estes só conseguiram sobreviver porque despojaram os homens da liberdade suprema, ou seja, a de buscar a Deus; e muitos se dispuseram e se dispõem a abdicar dessa liberdade em troca de uma pretensa segurança e de uma pseudocerteza. Que os expedientes provisórios criados pelo homem bloqueiam o vir-a-ser e o crescer é a sina da nossa espécie.

As raízes comuns do gênero humano e do conjunto da criação, a unidade na multiplicidade e na diversidade, escondem-se nas autênticas palavras-chave das religiões e foram experimentadas e proferidas sobretudo por meio da mística. Portanto, uma atitude religiosa comprometida com o ter revela-se imprópria. Em muitos cultos e tradições exteriores, essa atitude se materializou e converteu-se num hábito rígido. Seu lema é: fomento interior e delimitação exterior da identidade. Por isso, o caminho da experiência de ser uno aparta-se não só dos sistemas como também das tradições exteriores e dos gestos a eles ligados. A cultura da renúncia e da "desidentificação" como exercício defronta-se aqui com o seu maior desafio. Uma sabedoria dos sufis ensina: "A cor da água é a cor do copo."[1] Mas como ela é na fonte?

Deixar de lado os rituais e, com eles, a autoridade externa, humana, de que se investe o mestre-de-cerimônias e o celebrante do culto, transcende o espaço da experiência religiosa, transformando-o num espaço de possibilidades para o ressurgimento do universal e do absoluto — em todo aquele que se atrever a tanto. Nós certamente precisamos de tradições e rituais, e isso vale também para quem busca a Deus, pois os rituais podem abrir portas para a experiência da participação e liberar as forças correspondentes. Por isso é também provável que o exercício de abandonar os antigos rituais conduza a novas formas. O decisivo é que essas formas não componham ao mesmo tempo conteúdos e conceitos e que se submetam a uma prova constante. As formas espirituais só têm significado profundo quando estão abertas para o desenvolvimento, para o vir-a-ser e também para o crescer dos espaços divino e espiritual. Quer dizer: o máximo de simplicidade, pureza e clareza, libertando-se da necessidade de definir e arrojando-se para além de si mesmo. Essas formas e rituais não se prendem ao passado, mas tampouco o suprimem; e buscam no presente o futuro possível.

Abrindo mão das tradições, das formas e dos rituais *ligados às doutrinas*, nós purificamos o acesso à experiência do divino. Certos ritos antigos ressurgirão desse fogo — purificados, com simplicidade e clareza novas. Mas terão de submeter-se a essa chama da contestação, da negação e da libertação. A verdade não se queima.

Por fim, o abandono das formas e dos ritos vale também para as formas fixas do ofício divino. O que importa, segundo Martin Buber, é que eu, perante Deus, "me relacione com uma existência diante de mim, ainda que não *só* diante de mim".[2] Tudo o mais tem um significado apenas secundário. Ora, pode-se objetar que o significado do ofício divino, das tradições e dos ritos vão além do fato do encontro com o divino, tendo uma dimensão social sobre o ser humano: geram comunidade e, desse modo, evitam as tendências à individualização religiosa e à emigração interior. Sem dúvida, esse fato é de suma importância, e eu quero enfatizar uma vez mais: não se deve confundir a ruptura com as tradições, em benefício da experiência da unicidade e do ingresso na cultura da renúncia e da purificação, com uma "busca da redenção" individual. Aqui se trata justamente de comunhão; trata-se da busca e da luta comunitária para superar as limitações do passado e do presente. A comunhão evita a *hybris*, a comunhão ajuda na diferenciação do espírito, ajuda na participação no mundo da experiência dos outros homens, e já traz em si algo daquilo que buscamos: viver e vir-a-ser no espírito da unicidade.

A contemplação como principal caminho da renúncia

Nada há de espetacular no ensinamento da mística segundo o qual nossa alma cresce, não pelo acréscimo, mas pela renúncia. Porém, que exigência radical está por trás dele no dia-a-dia! Geralmente, nós tomamos o habitual e conhecido não pelo verdadeiro, pelo que nos bloqueia, mas pelo que nos é próximo e muitas vezes amamos. Com ele, abandonamos um confortável espaço familiar, no qual tudo estava no lugar e tinha sido construído e disposto conforme as nossas necessidades pessoais. Em seu lugar, aguardam-nos unicamente pelejas interiores; temos de aprender a lutar sem expectativas e a acolher a despedida como uma boa amiga — diariamente. E veremos que algumas pessoas íntimas não quererão nem poderão nos acompanhar, não compreenderão e, por sua vez, de certo modo, despedir-se-ão de nós. Assim sendo, onde nos apoiar?

Na noite escura da busca, nossa alma será levada pela contemplação. Nela, não só a nossa consciência se purifica para uma sensibilidade pura, uma percepção pura e uma vontade pura. Nela, surge também uma nova morada. Envolto na acolhida maternal, o espírito encontra repouso num país interior que não tem nome. No silêncio profundo, ficamos mais próximos do espírito do divino. Esse silêncio passa a ser a mais elevada forma de ofício divino, pois "Deus é espírito e os que o adoram devem adorá-lo em espírito e verdade" (João 4.24).

No silêncio reside a suprema homenagem, a suprema humildade, a suprema aceitação no encontro supremo. Nele, o divino pode se revelar livremente. Nele, nos transformamos em caixa de ressonância do espírito divino. Nele, os que buscam encontram. Nele, amadurecem as decisões e os passos a serem dados. No silêncio, na contemplação, o divino orienta o espírito que se abre para ele. O simples e o claro avizinham-se passo a passo daquele que recebe essa orientação: simplicidade e clareza no pensar, na atitude interior e no fazer. Com a clareza, cresce o auto-respeito e o que se denomina dignidade — a consciência do nosso eu como impulso vital na totalidade cósmica.

Contemplação significa: consentir com o desenvolvimento. Nela, a comunidade dos buscadores de Deus experimenta o mais elevado grau de consciência pessoal e, enfim, transpessoal que nos é possível no atual estágio da evolução. Ela abre novos espaços criativos. Como processo da transição contínua, incorpora a tradição do coração e o ritual-chave do futuro: na constância e na autodisciplina, gerando e levando confiança, segurança, e mesmo assim livre para o ainda inapreensível. Quem aprende a se apresentar em silêncio diante de Deus e a entregar um pouco de si, ao se despedir das antigas imagens, experimenta também o libertar-se da cisão. Então, em meio à claridade, que é verdadeira, sem saber, acontece o renascimento e a ressurreição! A luz desse vir-a-ser tira o peso da inevitável dor do crescimento, da dor da renúncia e das trevas da ignorância. Enfim, a luz desse vir-a-ser impede aquilo que outrora denominávamos o Mal de entrar em nosso ser.

3. Agora mesmo

Já não há o que impeça o crescimento do gênero humano e o pessoal. A marca do futuro já resplandece no presente, como possibilidade, em meio a toda decadência exterior e interior. Uma coisa é aguardar a aurora do novo dia. Outra, que nós fomentamos, é ir ao seu encontro por um caminho que se torna visível a cada passo. Nenhuma divindade todo-poderosa está disposta a nos dispensar, mediante a "redenção" da vida, das exigências ligadas a essa jornada. O espírito livre e apartado de Deus guiou a humanidade e a malha da vida até o lugar onde estamos; o espírito livre, que tem consciência de seu vínculo com o divino, pode continuar guiando-as por uma rota corrigida: não há retorno; não podemos nem devemos dar meia-volta, temos de seguir adiante para que se abram perspectivas. Fixados no passado e voltados para trás, nós nos petrificamos cabalmente. Eis a mensagem da Medusa. E é inequívoco o apelo de Jesus aos que querem segui-lo: "Quem põe a mão no arado e olha para trás não é apto para o Reino de Deus" (Lucas 9.62).

Aurora, mudança — palavras que adquiriram um tom insípido no século que acaba de passar, pois, em geral, a elas se associava a expectativa da máxima eficiência da modernidade técnica. No entanto, os homens que quiserem partir e seguir o caminho do crescimento e do vir-a-ser, no espírito da unidade, devem amar e deixar de alimentar e estimular aspirações imperiais. Mesmo que essas aspirações — e isso encobre a sua essência — sejam determinadas e alimentadas também pela esperança no futuro, o caminho da aspiração exige sempre atenção para com os passos já dados no aqui e no agora. A esperança no "depois" e o fazer "agora mesmo" acomodam-se entre si e mantêm a necessária tensão. Uma pura existência de esperança está fadada a fracassar tragicamente, pois desconhece a contribuição pessoal para o todo em cada momento. Assim fixada, a esperança se degenera em empecilho para o futuro justamente porque, deixando-se escravizar pelo futuro, esquece o presente. Sobretudo, perde de vista que quase tudo que já temos em nós para seguir adiante está à mão e, a qualquer momento, pode ser o começo.

Na tensão entre o "agora mesmo" e o "depois" dissolvem-se todas as polaridades. A aspiração ao divino e a práxis social, a mística e a política, o

empenho na experiência da unidade e a ação condicionada se fundem. Fazer passa a ser não fazer, e não fazer torna-se fazer.
O *Bhagavad Gita*:

"Misterioso é o caminho da ação.
Quem na ação vê a não-ação
e na não-ação vê a ação
é o mais sábio dos homens
e executa todas as ações do espírito."
(IV Cântico, 17º e 18º)

Executa todas as ações do espírito... A harmonia de dimensão profética e política protege-nos, enfim, de uma grande ilusão. Num mundo ainda desordenado, não nos livramos das estruturas e dos processos de desordenamento. O que tiver de acontecer nesta época há de acontecer sempre nas estruturas existentes ou, no mínimo, relacionando-se com elas.[3] É preciso ter consciência disso. E assim fica esclarecido o preço a pagar pela mudança interior. E para mudar a partir do interior, sem dar as costas para o desordenamento, mas também sem nele se enredar, é preciso ter conhecimento da unidade e do vínculo universais.

O etos do estar unido

Transcendental:
— Períodos diários de meditação, que é o voltar-se para o mundo divino no silêncio interior e exterior.
— Disposição para desenvolver as faculdades espirituais.
— Superar o que separa nas religiões e visões de mundo, buscando a essência transcendental.

Universal:
— Respeito universal pela totalidade da criação.
— Respeito por todas as formas de vida.
— Atitude geral, na vida, de não ferir nem prejudicar.
— Disposição para curar e consolar sempre que encontrarmos uma vida ferida.

— Trabalhar pelo desenvolvimento da nossa capacidade de curar.
— Disposição para o serviço abnegado oriunda da experiência interior e do conhecimento de que tudo vive do mesmo impulso divino.
— Generosidade perante a vida que sofre e passa fome.
— Vida vegetariana como expressão do respeito e do amor universais e do conhecimento de que tudo quanto somos e viremos a ser também depende daquilo de que nos alimentamos.
— Ganhar honradamente o sustento com atividades que não magoem nem prejudiquem.

Social:
— Jamais ferir intencionalmente os outros seres humanos com pensamentos, palavras e ações.
— Não desprezar os outros seres humanos devido à posição, à situação, ao sexo, à raça, à religião ou à visão de mundo.
— Veracidade no pensar, no falar e no proceder.
— Disposição para ouvir e perceber-se no tu da outra vida.
— Comunicar-se sem prepotência nem pretensões de poder.
— Disposição para o perdão.
— Disposição para dar o primeiro passo rumo à reconciliação.
— Frugalidade e restrição de bens, que possibilita uma vida digna.

A Passagem pela Ponte — Um Posfácio

～～～

Encarar as religiões como pontes pelas quais avançamos para, depois, nos encontrarmos na busca do Uno...
Abandonar as tradições...
Tornarmo-nos livres, uns para os outros, e livres para o caminho espiritual contemplativo...
É possível?
Devemos fazer isso?
Não estaremos traindo os impulsos primordiais?

Tanto quanto os rituais, as tradições se construíram, no decorrer da história da cultura, a partir das tendências e correntes das diferentes épocas. Serviam e servem para a criação e a conservação da identidade religiosa, oferecendo uma estrutura aos conhecidos espaços espirituais e comportamentais. Para uma humanidade em formação e transformação, que, em seu estágio de desenvolvimento, precisa de delimitações para não perder a orientação, elas são necessárias. Conservam a memória e erigem baluartes contra o esquecimento. Nós não podemos viver totalmente sem tradições e rituais. Contudo, no transcurso das épocas, acrescentam-se cada vez mais adornos aos elementos nucleares e básicos, sendo que, com muita freqüência, eles se investem de um caráter legal pretensamente oriundo da vontade divina. É no mais tardar aqui que começa a fatalidade. Pois, com o corselete das fixações, das definições e das interpretações, forma-se uma imagem de Deus limitada e culturalmente moldada.

É nesse beco sem saída que estão muitas tradições religiosas neste começo do terceiro milênio e, com elas, uma grande parte da família humana. Se quisermos sair desse beco, precisamos renunciar. O que for intemporal e apontar para além das fronteiras impermeáveis das religiões isoladas, ressurgirá como tradição purificada. Quem busca a unidade essencial da divindade não escapa à chama da renúncia e da superação.

Eu digo isso como pessoa educada no horizonte cristão e muito próxima da doutrina do homem de Nazaré. Ora, ele mesmo é favorável à renúncia, à purificação e à concentração no Único e Supremo, que ele denomina Reino de Deus e cujo acesso reconhece e afirma em nós já agora. De modo que, se os homens, passando pela ponte chamada Cristo, vão mais além e adentram o espaço da renúncia e do encontro, é porque ele os conduz para lá. Esse conhecimento perdura. E esse conhecimento acompanhará os buscadores de Deus de outras tradições na travessia de suas pontes. E lá, no lugar do encontro, que está em toda parte, que existe em todas as épocas e cresce como campo de um espaço-tempo universal, fundem-se as essências num único espírito puro.

Agradecimentos

Pelas valiosas informações e estímulo, agradeço, de todo o coração, a:

Werner Binder
Tanja Busse
Norbert Copray
Margrit Egli
Walter Egli
Ludwig Frambach
Olaf Kaltenborn
Klaus Künkel
Sonja Kretzschmar
Liselotte Lang
Werner Ratering
Bogdan Snela
Wilhelm Steinmüller
Dagmar Wemmer
Jörg Wichmann

Um obrigado especial a minha filha Hanja, que decifrou, corrigiu e digitou o texto manuscrito.

Claus Eurich
Am-Max-Clemens-Kanal 138
D-48159 Münster
(favor não telefonar)

Referências Bibliográficas

Adorno, Theodor. W. *Minima Moralia*. Frankfurt, 1987 (1951).

Alt, Franz. *Frieden ist möglich. Die Politik der Bergpredigt*. Munique, 1983.

Alt, Franz. *Liebe ist möglich. Die Bergpredigt im Atomzeitalter*. Munique, 1985.

Altner, Günter *et al.*. *Manifest zur Versöhnung mit der Natur. Die Pflicht der Kirchen in der Umweltkrise*. Neukirchen-Vluyn, 1984.

Ambros, Arne A. "Gestaltung und Funktion der Biosphäre im Koran", *Zeitschrift der deutschen morgenländischen Gesellschaft*, 140, 1990, pp. 290-325.

Archefreundesrat (org.), *Einheit des Lebens. Auf dem gewaltfreien Weg*. Solingen, 1994.

Arnold, Eberhard. *Salz und Licht. Über die Bergpredigt*. Moers, 1982.

Auer, Alfons. *Umweltethik*. Düsseldorf, 1989 (1984).

Augier, Paul. *Jesus, Stein des Anstobes*. Gras, 1961.

Bahro, Rudolf. *Logik der Rettung*. Stuttgart *et al.*, 1987.

Balthasar, Hans Urs von. *Kosmische Liturgie. Das Weltbild Maximus' des Bekenners*, Einsiedeln. 1961.

Barnett, Lincoln. *The Universe and Dr. Einstein*. Nova York, 1954.

Baudler, Georg. *Erlösung vom Stiergott: Christliche Gotteserfahrung im Dialog mit Mythen und Religionen*. Munique/Stuttgart, 1989.

Baudrillard, Jean. "Die Stadt und der Hass", *Frankfurter Rudschau*, 30/9/1995, p. ZB 3.

Baur, Otto. *Bestiarium Humanum. Mensch-Tier-Vergleich in Kunst und Karikatur*. Gräfelfing, 1974.

Bauriedl, Thea. *Das Leben riskieren. Psychoanalytische Perspektiven des politischen Widerstands*. Munique, 1988. "Bilder gegen die Angst. Der Prozess der Auflösung von Feindbildern", *in* Wolfgang R. Vogt (org.), vide abaixo, pp. 318-33.

Beham, Mira. *Kriegstrommeln. Medien, Krieg und Politik*. Munique, 1996.

Bentham, Jeremy. *An Introduction to the Principles of Morals and Legislation*. Nova York, 1963.

Besci, Kurt. *Galaktische Philosophie. Der Mensch als Meister des Universums*. Viena/Düsseldorf, 1979.

Beyer, Michael e Stempel, Hermann-Adolf (org.). *Welt, Umwelt, Ökologie*. Weinheim, 1995.

Bhagavadgita. Leipzig, 1979 (editado e preparado por Klaus Mylius).

Bielefeldt, Heiner. "Menschenrechte und Islam", *Fest Jahresbericht 1994*. Heidelberg, 1995, pp. 61-6.

Birnbacher, Dieter (org.). *Ökophilosophie*. Stuttgart, 1997.

Blin, Maurice. *Die veruntreute Erde*. Friburgo *et al.*, 1997.

Boff, Leonardo. *Zärtlichkeit und Kraft. Franz von Assisi, mit den Augen der Armen gesehen*. Düsseldorf, 1995 (1983).

Bohm, David. *Wholeness and the implicate Order*, Londres, 1980. [*A Totalidade e a Ordem Implicada*, publicado pela Editora Cultrix, São Paulo, 1992.]

Bohm, David e Factor, Donald e Garrett, Peter. "Der Dialog — ein Vorschlag". *On Dialogue*. julho de 1995, pp. 6-11.

Braun, Hans-Jürg. "Religion, Universum und Mensch in Schleiermachers Reden, *in* Fritz Stolz (org.), *Religiöse Wahrnehmung der Welt*. Zurique, 1988.

Bregenzer, Ignaz. *Thier-Ethik. Darstellung der sittlichen und rechtlichen Beziehungen zwischen Mensch und Thier*. Bamberg, 1894.

Breidenstein, Gerhard. "Spiritualität und Ökologie", *Connection special* III/1997, pp. 6-11.

Brönnle, Stefan. *Landschaften der Seele. Von mystischen Orten, heiligen Stätten und uralten Kulten*. Munique, 1994.

Brüllmann, Richard e Schützeichel, Harald (org.). *Leben in der Kultur*. Weinheim, 1995.

Buber, Martin. *Pfade in Utopia*. Heidelberg, 1950.

———. *Das dialogische Prinzip*. Gerlingen, 1994 (1962).

———. *Bilder von gut und böse*. Heidelberg, 1986.

———. *Gottesfinsternis*. Gerlingen, 1994 (nova edição).

Buchner, Jutta. *Kultur mit Tieren. Zu Formierung des bürgerlichen Tierverständnisses*. Münster/Nova York, 1996.

Capra, Fritjof. *Der kosmische Reigen. Physik und östliche Mystik. Ein zeitgemäbes Weltbild*. Munique, 1977.

Chapple, Christopher Key. *Nonviolence to Animas, Earth and Self in Asian Traditions*. Albany, 1993.

Clark, Stephan R. L. "Gaia und die Formen des Lebens", *in* Angelika Krebs (org.), pp. 144-64.

Cobb, John B. *Der Preis des Fortschritts*. Munique, 1972.

Copray, Norbert. *In Hoffnung widerstehen. Wege aus der Krise*. Munique, 1988.

Crehan, Joseph. *Ein Theologie im Weltraum. Der Gottesgedanke im Lichte der neuen Entdeckungen im Weltall*. Dortmund, 1961, dez páginas. Conferência no Congresso Universitário da Cidade de Dortmund.

Dalai Lama. *Logik der Liebe*. Munique, 1989.

———. *Zeiten des Friedens*, Friburgo, 1994.

Das Evangelium der Essener. Edição completa de Bordeaux Szekely, Südgellersen, 1988.

Das Kreuz mit dem Frieden. Zwei Jahrtausende Christen und Politik. Reinbek, 1984 (1982).

Dierauer, Urs. "Verhältnis von Mensch und Tier im griechisch-römischen Denken", *in* Paul Münch (org.), vide abaixo, pp. 37-85.

Dinster, Astrid. "Nur fressen und gefressen werden?", *Publik Forum*, 25/;4/1997, p. 22ss.

Dithfurth, Hoimar von. *Kinder des Weltalls*. Hamburgo, 1970.

Dombrowsky, D. A. *The Philosophy of Vegetarianism*. Amherst, 1984.

Drewermann, Eugen. *Strukturen des Bösen*. Paderborn, 1976 (três volumes).

Drewermann. *Der tödliche Fortschritt*. Regensburg, 1981.

———. *Über die Unsterblichkeit der Tiere*. Olten, 1990.

Duchrow, Ulrich/Liedke, Gerhard, *Schalom. Der Schöpfung Befreiung, den Menschen Gerechtigkeit, den Völkern Frieden*. Stuttgart, 1987.

Duchrow, Ulrich. "Versöhnung im Kontext von Nicht-Versöhnung", *in Sonderdruck der Jungen Kirche*, n. 3, março, 1996.

Durning, Alan B. e Brough, Holly B.. *Zeitbombe Viehwirtschaft. Folgen der Massentierhaltung für die Umwelt*. Schwalbach, 1993.

Duve, Freimut. *Vom Krieg in der Seele. Rücksichten eines Deutschen*. Frankfurt, 1994.

Ebert, Theodor. *Soziale Verteidigung*, volumes 1 e 2. Waldkirch, 1981.

Eberz, Otfried. *Sophia und Logos oder die Philosophie der Wiederherstellung*, Munique. 1983.

Eco, Umberto. "Intoleranz", *in Frankfurter Rundschau*, 24/1/1998, p. ZB 2.

Edlinger, Franz e Giglinger, Fritz. *Mut zur Armut. Neue Wege in die Zukunft der Kirche und der Welt*. Bad Sauerbrunn, 1993.

Ehrenreich, Barbara. *Blutrituale. Ursprung und Geschichte der Lust am Krieg*. Munique, 1997.

Eibl-Eibesfeldt, Irenäus. *Liebe und Hass. Zur Naturgeschichte elementarer Verhaltensweisen*. Munique. 1976 (1970).

Einstein, Albert e Freud, Sigmund. *Warum Krieg?*. Viena, 1953.

Erikson, Erik H. *Ghandi's Truth. On the Origins of Militant Nonviolence*. Londres, 1970.

Eurich, Claus. *Die Megamaschine. Vom Sturm der Technik auf das Leben und Möglichkeiten des Widerstands*. Darmstadt, 1988/1991.

———. *Tödliche Signale. Die kriegerische Geschichte der Informationstechnik*. Frankfurt, 1991.

———. *Die Kraft der Sehnsucht. Kontemplation und ökologisches Engagement*. Munique, 1996.

———. *Mythos Multimedia. Über die Macht der neuen Technik*. Munique, 1998.

Evers, Tilman. "Vorboten einer sozialen Weltinnenpolitik — zum Verhältnis von Friedensdienst und Entwicklungsdienst", *in epd-Dokumentation* nº 51/96, 2/12/1996, pp. 35-47.

Finsterbusch, Karin e Müller, Helmut A. (org.). *Was aber bleibt, stiften die Hoffenden. Hoffnung in den fünf Weltreligionen*. Stuttgart, 1997.

Fischer, Louis. *Ghandi. Prophet der Gewaltlosigkeit*. Munique, 1983.

Frambach, Ludwig. "Kontemplative Christliche Spiritualität Heute", *in* Reinhard Kirste *et al.* (org.), *Die dialogische Kraft des Mystischen*. Balve, 1988, pp. 407-22.

Fromm, Erich. *Das Christusdogma und andere Essays*. Munique, 1965.

———. *Die Kunst des Liebens*. Frankfurt *et al.*, 1979 (1965).

———. *Haben oder Sein. Die seelischen Grundlagen einer neuen Gesellschaft*. Stuttgart, 1976.

Füssel, Kuno; Sölle, Dorothee e Steffensky, Fulbert: *Die Sowohl-als-auch-Falle. Eine theologische Kritik des Postmodernismus*. Lucerna, 1993.

Gaddis, Vincent e Margret. *Der sechste Sinn der Tiere*. Oldenburgo/Hamburgo, 1970.

Galtung, Johan. *Modelle zum Frieden. Methoden und Ziele der Friedensforschung*. Wuppertal, 1972.

———. *Strukturelle Gewalt*. Reinbek, 1975.

———. *Der Weg ist das Ziel. Ghandi und die Alternativbewegung*. Wuppertal, 1987.

Garaudy, Roger. *Aufruf an die Lebenden*. Darmstadt, 1981 (1979).

Gebser, Jean. *Ursprung und Gegenwart*, 2 volumes. Schaffhausen, 1978.

Giono, Jean. *Der Mann mit den Bäumen*. Zurique, 1981.

Girard, René. *Das Heilige und die Gewalt*. Zurique, 1987 (1972).

Goes, Albrecht. *Über das Gespräch*. Hamburgo, 1954.

Goss-Mayr, Hildegard. *Wie Feinde Freunde werden*. Friburgo *et al.*, 1996.

Grässer, Erich. "Erwägungen zu einer Tierschutzethik aus theologischer Sicht", *in* Michael Beyer/Hermann-Adolf Stempel (org.), *op. cit.*, pp. 171-81.

Gronemeyer, Marianne. *Von der Kraft der Ohnmacht*. Manuscrito, 14 p., *s. l.*, *s. d.*

Guardini, Romano. *Johanneische Botschaft*. Friburgo *et. al.*, 1981 (1962).

Günzler, Claus *et al.* (org.). *Albert Schweitzer heute. Brennpunkte seines Denkens*, Tübingen, 1990.

———. "Albert Schweitzers Modell einer naturbezogenen Vernunftethik", *in* Michael Beyer/Hermann-Adolf Stempel (org.) *op. cit.*, pp. 104-20.

Gutowski, Klaus. *Vom Homo Sapiens zum Homo Divinus.* Stuttgart, s. d.

Haag, Herbert. "Wenn es das Böse gibt, gibt es Gott", *in Publik Forum*, 17/11/1995, pp. 70-3.

Hacker, Friedrich. *Aggression. Die Brutalisierung der modernen Welt.* Viena et. al., 1971.

Häring, Bernhard. *Die Heilkraft der Gewaltfreiheit.* Düsseldorf, 1986.

Hässler, Hans-Jürgen e Heusinger, Christian von (org.). *Kultur gegen Krieg. Wissenschaft für den Frieden.* Würzburg, 1989.

Hartkemeyer, Martina. "Zur Wiederentdeckung der Langsamkeit. Dialog: eine neue, alte Gesprächsform", *in* M. Zimmer (org.), *Von der Kunst, umweltgerecht zu planen und zu handeln.* Georgsmarienhütte, 1996, edição para congresso, pp. 181-201.

Henschel, Uta "Was denkt das Tier?", *in Geo*, maio de 1996, pp. 14-37.

Heschel, Abraham Joshua. *Der Mensch fragt nach Gott: Untersuchungen zum Gebet und zur Symbolik.* Neunkirchen-Vluyn, 1982.

Hirsch, Eike Christian. "Wohl dem, der mit seinen Grenzen Frieden geschlossen hat", *Publik Forum*, 30/6/1995, pp. 44-47.

Hörburger, Christian. *Krieg im Fernsehen.* Tübingen, 1996.

Horstmann, Ulrich. *Das Untier. Konturen einer Philosophie der Menschenflucht.* Berlim et al., 1983.

Hüttermann, Aloys. "Die ökologische Botschaft der Thora", *in Naturwissenschaften*, nº 80/1993, pp. 147-56.

Illich, Ivan. *Selbstbegrenzung. Eine politische Kritik der Technik.* Reinbek, 1980.

Illies, Joachim. *Das Geheimnis des grünen Planeten: Natur und Mensch — der ökologische Frieden und seine Bedrohung.* Frankfurt, 1982.

Irrgang, Bernhard. *Anthropozentrik und christliche Umweltethik.* Würzburg, 1991.

Jochheim, Gernot. *Die gewaltfreie Aktion. Idee und Methoden, Vorbilder und Wirkungen.* Hamburgo, 1984.

Joisten, Karen. *Die Überwindung der Anthropozentrizität durch Friedrich Nietzsche.* Würzburg, 1994.

Jonas, Hans. *Das Prinzip Verantwortung. Versuch einer Ethik für die technologische Zivilisation.* Frankfurt, 1979.

Jouhy, Ernest. "Matrigenes Vermögen — Patrigene Macht", *in* o mesmo, *Klärungsprozesse. Gesammelte Schriften*, volume 1. Frankfurt, 1988, pp. 64-78.

Jung, Carl Gustav. *Von den Wurzeln des Bewusstseins. Studien über den Archetypus.* Zurique, 1954.

Jungk, Robert. *Menschenbeben. Der Aufstand gegen das Unerträgliche.* Munique, 1984.

Kämpchen, Martin. *Du tanzt im Herzen aller Menschen.* Münsterschwarzach, 1989.

Kafka, Peter. *Das Grundgesetz vom Aufstieg.* Munique/Viena, 1989.

Kaiser, Rudolf. *Indianischer Sonnengesang.* Friburgo *et al.*, 1993.

Kaplan, Helmut F. *Sind wir Kannibalen? Fleischessen im Lichte des Gleichheitsprinzips* Frankfurt am Main *et al.*, 1991.

———. *Leichenschmaus. Ethische Gründe für eine vegetarische Ernährung.* Reinbek, 1993.

Karremann, Manfred e Schnelting, Karl. *Tiere als Ware. Gequält, getötet, vermarket.* Frankfurt, 1992.

Kessler, Hans (org.). *Ökologisches Weltethos im Dialog der Kulturen und Religionen.* Darmstadt, 1996.

King, Martin Luther. *Die Kraft zum Lieben.* Konstanz, 1978.

———. *Der Traum vom Frieden.* Gütersloh, 1991.

Klages Ludwig. *Vom kosmogonischen Eros.* Bonn, 1963.

Kopka, Thomas. *Sehnsucht ohne Hoffnung.* Marburgo, 1985.

Kopp, Johannes. "Vergessen Sie nicht ihre Wurzeln", in *Christ in der Gegenwart*, nº 50/1993, p. 413 ss.

Kopp, Josef Vital. *Entstehung und Zukunft des Menschen. Pierre Teilhard de Chardin und sein Weltbild.* Lucerna/Munique, 1961.

Korvin-Krasinski, Cyrill von. *Trina Mundi Machina. Die Signatur des alten Eurasien.* Mainz, 1986.

Krebs, Angelika (org.). *Naturethik. Grundtexte der gegenwärtigen tier- und ökoethischen Diskussion.* Frankfurt am Main, 1997.

Kreppold, Guido. *Kranke Bäume — kranke Seelen.* Münsterschwarzach, 1986.

Kretz, Louis. *Der Reiz des Paradoxen bei Jesus.* Olten, 1983.

Krishnamurti, J. *Erziehung als Liebesdienst.* Leipzig, *s. d.*

Küng, Hans. *Projekt Weltethos.* Munique, 1990.

Küng, *Weltethos für Weltpolitik und Weltwirtschaft*. Munique, 1997.

———. "Globalisierung braucht ein globales Ethos", *in Publik Forum, Dossier*, 1997.

Künkel, Klaus. *Meditation — Im Spannungsfeld von Erfahrung und Theologie*. Loccum, 1997.

Lao Tsé: *Tao Te King*. Munique, 1989 (1972), tradução de Gia-Fu Feng e Jane English.

Lapide, Pinchas. *Wie liebt man seine Feinde?*. Mainz, 1984.

Leach, Edmund. *Kultur und Kommunikation. Zur Logik symbolischer Zusammenhänge*. Frankfurt, 1978 (1976).

Lindenberg, Wladimir. "Der verdrängte Tod", *Scheidewege*, 4/1974, pp. 51-60.

Lohbeck, Rolf. *Selbstvernichtung durch Zivilisation*. Würzburg, 1966.

Lohberger, Hans. *Kosmische Philosophie — zeitgemäb?* Meisenheim am Glan, 1970.

Lovejoy, Arthur O. *Die grobe Kette der Wesen. Geschichte eines Gedankens*. Frankfurt am Main, 1985.

Lüpke, Geseko von. "Denkfabrik für eine grüne Zukunft", *Connection special*, III/1997, pp. 72-5.

Macy, Joanna. "Zeit der 'groben Wende'", *in Connection special*, III/1997, pp. 12-7.

Malinar, Angelika. "Wechselseitige Abhängigkeiten und die Hierarchie der Körper", *in* Paul Münch (org.), vide abaixo, pp. 147-77.

Margalit, Avishai. "Identität und Vergangenheit", *Frankfurter Rundschau*, 25/11/1997, p. 12.

Massan, Jeffrey M. e Mc Carthy, Susan. *Wenn Tiere weinen*. Reinbek, 1996 (1995).

McGregor, Geddes. *Reinkarnation und Karma im Christentum*, volume 2. Grafing, 1986.

Merton, Thomas. *Gewaltlosigkeit*. Colônia, 1986.

Meyer, Heinz. *Der Mensch und das Tier. Anthropologische und kultursoziologische Aspekte*. Munique, 1975.

Meyer-Abich, Klaus-Michael. *Wege zum Frieden mit der Natur. Praktische Naturphilosophie für die Umweltpolitik*. Munique, 1984.

Miller, Ronald S. *Handbuch der neuen Spiritualität*. Berna, 1994.

Mitscherlich, Alexander. *Die Idee des Friedens und die menschliche Aggressivität*. Frankfurt, 1969.

Moeller, Michael Lukas. *Der Krieg, die Lust, der Frieden, die Macht.* Reinbek, 1992.

Montaigne, Michel de. *Die Essais.* Stuttgart, 1984.

Müller, A. M. Klaus. *Das unbekannte Land. Konflikt-Fall Natur.* Stuttgart, 1987.

Müller-Fahrenholz, Geiko. "Wieder lebendig! Vergebung ist die Tür zum Glück", *in Publik Forum*, 30/8/1996, pp. 42-4.

Münch, Paul (org.). *Tiere und Menschen. Geschichte und Aktualität eines prekären Verhältnisses.* Paderborn *et al.*, 1998.

Myers, Norman. *The Sinking Ark.* Londres, 1979.

Mynarek, Hubertus, *Der Mensch. Sinnziel der Weltentwicklung.* Munique *et al.*, 1967.

———. *Der kritische Mensch und die Sinnfrage vor dem Hintergrund einer säkularisierten Welt.* Berlim, 1976.

———. *Ökologische Religion. Ein neues Verständnis der Natur.* Munique, 1986.

Naess, Arne. *Ecology, Community and Lifestyle. Outline of an Ecosophy.* Cambridge, 1989.

Nasr, Seyyed Hossein. *Die Erkenntnis und das Heilige.* Munique, 1990 (1981).

Nitschke, August. "Das Tier in der Spätantike, im Frühen und Hohen Mittelalter", *in* Paul Münch (org.), *op. cit.*, pp. 227-46.

———. "Tiere und Heilige", *in* o mesmo, *Fremde Wirklichkeiten II. Dynamik der Natur und Bewegung des Menschen.* Goldbach, 1995.

Nolting, Hans-Peter. *Lernschritte zur Gewaltlosigkeit. Ergebnisse psychologischer Friedensforschung.* Reinbek, 1981.

Opitz, Christian. *Ernährung für Mensch und Erde.* Waldfeucht, 1995.

Pfordten, Dietmar v. d.. *Ökologische Ethik. Zur Rechtfertigung menschlichen Verhaltens gegenüber der Natur.* Reinbek, 1996.

Pieper, Josef. *Vom Sinn der Tapferkeit.* Dortmund, 1938 (1934).

Portmann, Adolf. *Biologie und Geist.* Frankfurt, 1968 (1956).

Prel, Carl. *Philosophie der Mystik.* Leipzig, 1910.

Rau, Gerhard, Ritter, Adolf Marin e Timm, Hermann (org.). *Frieden in der Schöpfung. Das Naturverständnis protestantischer Theologie.* Gütersloh, 1987.

Regan, Tom. *The Case for Animal Rights.* Berkely/Los Angeles, 1983.

Renner Frumentius OSB. *Im Kampf gegen Magie und Dämonie*. Sinzig, 1997.

Richter, Liselotte. *Mahatma Ghandi*. Berlim, 1962.

Rosen, Steven. *Die Erde bewirtet euch festlich. Vegetarismus und die Religionen der Welt*. Satteldorf, 1992.

Sartre, Jean-Paul. *Brüderlichkeit und Gewalt*. Berlim, 1993 (1991).

Sathya Sai Vereinigung. Textos do grupo de estudos. Bonn, 1994.

Scheler, Max. *Die Stellung des Menschen im Kosmos*. Munique, 1949 (1947).

Schiwy, Günther. *Der kosmische Christus. Spuren Gotters im Zeitalter*. Munique, 1990.

Schmidt, Wolf-Rüdiger. *Geliebte und andere Tiere im Judentum, Cristentum und Islam. Vom Elend der Kreatur in unserer Zivilisation*. Gütersloh, 1996.

Schnoor, Heike. *Psichoanalyse der Hoffnung*. Heidelberg, 1988.

Schultze-Westrum, Thomas. *Biologie des Friedens*. Munique, 1974.

Schwarzenau, Paul. *Das nachchristliche Zeitalter. Elemente einer planetarischen Religion*. Stuttgart, 1993.

Schweitzer, Albert. *Aus meinem Leben und Denken*. Hamburgo, 1980.

———. *Was sollen wir tun? 12 Predigten über ethische Probleme*. Heidelberg, 1985 (1974).

Senghaas, Dieter. *Gewalt-Konflikt-Frieden. Essays zur Friedensforschung*. Hamburgo, 1974.

Sheldrake, Rupert. *Das Gedächtnis der Natur*. Munique *et al.*, 1994 (1988).

———. *Die Wiedergeburt der Natur*. Munique *et al.*, 1993 (1990).

Sheldrake, Rupert e Fox, Matthew. *Die Seele ist ein Feld. Der Dialog zwischen Wissenschaft und Spiritualität*. Berna *et al.*, 1998.

Singer, Peter. *Animal Liberation*, Nova York, 1975.

———. *Praktische Ethik*, Stuttgart, 1994.

———. "Alle Tiere sind gleich", *in* Angelika Krebs (org.), *op. cit.*, pp.13-32.

Sperber, Manes. *Sieben Fragen zur Gewalt*. Munique, 1978.

Staub, Ervin. "Die Wurzeln des Bösen. Über die Ursprünge der kollektiven Gewaltfähigkeit", *in Psychosozial*, IV/1992, pp. 141-47.

Steffahn, Harald (org.). *Albert Schweitzer Lesebuch*. Munique, 1995 (1984).

Steiner, Rudolf. *Anweisungen für eine esoterische Schulung*. Dornach, 1987 (1968).

———. *Wie erlangt man Erkenntnisse der höheren Welten?*. Dornach, 1982 (1961).

Stüttgen, Albert. *Auch Rast ist Reise. Notizen auf dem Weg zu einem neuen Horizont*. Stuttgart, 1990.

Suhr, Ulrike. "Die salbende Frau. Mut zur Zärtlichkeit", *in* Karin Walter (org.).

Sullivan, Jean. *Die Schwäche Gottes*. Graz/Colônia, 1960.

Teilhard de Chardin, Pierre. *Die lebendige Macht der Evolution*. Olten/Friburgo, 1967.

Thich Nhat Hanh. *Einssein*. München/Zurique, 1994 (1987).

———. "Verneige dich vor Orchidee und Schnecke", *Connection special*, III/1997, pp. 32-5.

Vogt, Wolfgang R. (ed.). *Mut zum Frieden*. Darmstadt, 1990.

Wagner, Wolfgang. *Frieden ist ein Weg. Beiträge der Tiefenpsychologie C. G. Jungs zum Problem des Friedens*. Tübingen 1986.

Walter, Karin (org.). *Zwischen Ohnmacht und Befreiung. Biblische Frauengestalten*. Friburgo *et al.*, 1988.

Walz, Rainer. "Die Verwandschaft von Mensch und Tier der frühneuzeitlichen Wissenschaft", *in* Paul Münch (org.) *op. cit.*, pp. 295-321.

Warneck, Wilfried. *Friedenskirchliche Existenz im konziliaren Prozess*, Hildesheim, 1990.

Weber, Jörg. *Die Erde ist nicht untertan. Grundrechte der Natur*. Frankfurt, 1993.

Wehr, Gerhard. *Tiefenpsychologie und Christentum. C. G. Jung*. Augsburgo, 1990.

Werner, Hans-Joachim. *Eins mit der Natur*. Munique, 1986.

Werner, Hans-Joachim. "Innenwelten. Die Reflexion des Lebens bei Albert Schweitzer und Pierre Teilhard de Chardin", *in* Richard Brüllmann/Harald Schützeichel (org.), *op. cit.*, pp. 34-54.

Wieland, Georg. "Wissenschaft und allgemeiner Nutzen. Zur kulturellen Bedeutung der mittelalterlichen und neuzeitlichen Universität", *in Saeculum*, nº 2/1994, pp. 308-38.

Wilber, Ken. *Halbzeit der Evolution. Der Mensch auf dem Weg vom animalischen zum kosmischen Bewusstsein*. Berna, *et al.*, 1984.

Winkelmann, Bernd. "Damit neu werde die Gestalt dieser Erde". *Politische Spiritualität im Umbruch unserer Zeit*. Leipzig, 1997.

Wolf, Ursula. *Das Tier in der Moral*. Frankfurt am Main, 1990.

——. "Haben wir moralische Verpflichtungen gegen Tiere?", *in* Angelika Krebs (org.), *op. cit.*, pp. 47-75.

Notas

Capítulo I

1. Cf. Claus Eurich. *Mythos Multimedia. Über die Macht der neuen Technik.* Munique, 1998.

2. Michael Lukas Moeller. *Der Krieg, die Lust, der Frieden, die Macht.* Reinbek, 1992, pp. 75-180. Vide também Barbara Ehrenreich, *Blutrituale. Ursprung und Geschichte der Lust am Krieg.* Munique, 1997.

3. Com este pensamento, retomo as reflexões que desenvolvi de forma abrangente em *Mithos Multimedia, op. cit.*

4. *Albert Schweitzer Lesebuch.* Munique, 1989, p. 146.

5 De uma carta de 1957; cit. *in* Gerhard Wehr, *C. G., Jung. Tiefenpsychologie und Christentum.* Augsburgo, 1990, p. 117.

6. Martin Buber. *Das dialogishe Prinzip.* Gerlingen, 1994, p. 261.

7. Ken Wilber. *Halbzeit der Evolution.* Munique, 1984, p. 326 ss.

Capítulo II

1. Albert Einstein e Sigmund Freud. *Warum Krieg?* Viena, 1953, p. 43.
2. Dalai Lama. *Logik der Liebe.* Munique, 1989, p. 146.
3. Josef Pieper. *Vom Sinn der Tapferkeit.* Leipzig, 1938, p. 61.
4. Mahatma Gandhi. *Freiheit ohne Gewalt.* Colônia, 1968, p. 164.

Capítulo III

1. Cf. W. A. Frank. "Vom inneren zum äuberen Frieden", *in* Hans-Jürgen Hässler e Christian von Heusinger (org.), *Kultur gegen Krieg. Wissenschaft für den Frieden.* Würzburg, 1989, p. 90.
2. Cf. Hagen Berndt, "Für das Gute um die Wette streiten, *in Publik Forum*, nº 9 de 10/5/1996, p. 28ss.; agradeço também as informações fornecidas pela sra. Krieg-Dornbrach do Institut für Islamstudien, em Trebbus.
3. Hans-Peter Nolting. *Lernschritte zur Gewaltlosigkeit. Ergebnisse psychologischer Friedensforschung.* Reinbek, p. 185.
4. Cf. Johan Galtung, *Der Weg ist das Ziel. Gandhi und die Alternativbewegung.* Wuppertal, 1987, p. 173ss.
5. Cf. a extensa dissertação de Johan Galtung, *op. cit.*
6. Cf. também minha exposição em *Die Megamaschine: Vom Sturm der Technik auf das Leben und Möglichkeiten des Widerstands.* Darmstadt, 1988 / Frankfurt, 1991; cf. também a literatura ali proposta.
7. Cf. Wilfried Warneck. *Friedenskirchliche Existenz im konzilaren Prozess.* Hildesheim *et al.*, 1990, p. 120ss.
8. Cf. Martin Luther King. *Der Traum vom Frieden.* Gütersloh, 1991, e *Die Kraft zum Lieben.* Konstanz, 1978; cf. também Ursula Wöll. "Die Müdigkeit der Rosa Parks", *Frankfurter Rundschau*, 2 de dezembro de 1995, p. ZB1.
9. Cf. Geiko Müller-Fahrenholz. "Ausbruch aus dem Teufelskreis der Gewalt", *in Publik Forum*, nº 23, 6/12/1996, pp. 50-2.
10. Josef Pieper, *op. cit.*, pp. 42, 47, 56.
11. Cf. os axiomas dos "Cultos pela Paz na Igreja"; reunidos por Wilfried Warneck. Schöffengrund, s. d., duas páginas (datilografadas).

Capítulo IV

1. Cf. Ludwig Frambach. "Ohne Mab und Mitte. Über die spirituellen Wurzeln unserer ökologishen Destruktivität", em *Transpersonale Psychologie und Psychotherapie*, Nº 2 / 1997, pp. 8-25, aqui p. 22.
2. Mahatma Gandhi, *op. cit.*, p. 146.
3. Cf. Sathya Sai. *Texte für den Studienkreis.* Bonn, 1994, pp. 107-09.
4. Cf. Thich Nhat Hanh. "Verneige dich vor Orchidee und Schnecke. *Connection special*, III, 1997, pp. 32-5.
5. Cf. Max Scheler. *Philosophische Weltanschauung.* Munique, 1954, p. 110.
6. *Albert Schweitzer Lesebuch.* Munique, 1984, p. 172.
7. Cf. Rudolf Kaiser. *Indianischer Sonnengesang.* Friburgo/Basiléia/Viena, 1994, p. 61.

8. *Idem*.

9. Quanto a essas questões, cf. por exemplo: Jeffrey M. Masson e Susan Mc Carthy. *Wenn Tiere weinen*, Reinbek, 1996; Vincent e Margaret Gaddis. *Der sechste Sinn der Tiere*. Oldenburg / Hamburgo, 1971; Uta Henschel. "Was denkt das Tier?" in *Geo*, maio de 1996, pp. 14-37.

10. Cf. o excelente livro de Paul Münch (org.). *Tiere und Menschen*. Paderborn et al., 1998, pp. 9-13.

11. Ignaz Bregenzer. *Thier-Ethik. Darstellung der sittlichen und rechtlichen Beziehungen zwischen Mensch und Thier*. Bamberg, 1894, p. 317.

12. Cf. Urs Dierauer. "Mensch und Tier im griechisch-römischen Denken", *in* Paul Münch (org.), *op. cit.*, pp. 37-85.

13. Cit. *idem*, p. 81.

14. Cf. Rainer Walz. "Die Verwandschaft von Mensch und Tier in der frühneuzeitlichen Wissenschaft", *in* Paul Münch (org.), *op. cit.*, pp. 259-321; vide também Bregenzer, *op. cit.*, p. 189 ss. e ainda *Das Evangelium der Essener*. Edição conjunta. Südergellersen, 1988.

15. Cf. August Nitschke. "Das Tier in der Spätantike, im Frühen und im Hohen Mittelalter", *in* Paul Münch (org.), *op. cit.*, pp. 227-46.

16. No jornal dos cristãos primitivos *Das Weibe Pferd* aparecem regularmente os seguintes anúncios: "Oração pelos animais. Os cristãos primitivos na vida universal oram diariamente pelos animais maltratados, por seus algozes e por seus carniceiros. Toda noite, às 21h15m, eles se unem interiormente, onde quer que estejam, num silencioso minuto de oração. Todos estão convidados a participar desse minuto mundial de oração." (Aqui, edição de julho de 1998, p. 12).

17. Cit. conforme Paul Münch. "Die Differenz zwischen Mensch und Tier", *in* Paul Münch (org.), *op. cit.*, p. 340.

18. Cit. conforme Christian Opitz. *Ernährung für Mensch und Erde*. Waldfeucht, 1995, p. 45.

19. *Der Koran*, tradução (para o alemão) de Max Henning. Wiesbaden, s/d., p. 248.

20. Conforme a sura 5, versículos 4-7.

21. *Op. cit.*, p. 340.

22. *Idem*, p. 252.

23. Cf. "Weltreligionen und Vegetarismus" *in Der Vegetarier* nº 6/1985 e nº 2/1986.

24. Cit. conforme Angelika Malinar. "Tiere und Menschen in hinduistischen Traditionen", *in* Paul Münch (org.), *op. cit.*, p. 160.

25. Cf. *idem*, p. 161.

26. Quanto a isso, cf. a Regra da Ordem que Thich Nhat Hanh expõe em seu livro *Einssein: Tiêp — Hiên — Vierzehn Tore zum Buddhismus*. Zurique / Munique, 1991.

27. Recomendam-se duas sínteses: Angelika Krebs (org.). *Naturethik. Grundtexte der gegenwärtigen tier- und ökoethischen Diskussion*. Frankfurt, 1997; Dietmar v. d. Pfordten. *Ökologische Ethik. Zur Rechtfertigung menschlichen Verhaltens gegenüber der Natur*. Reinbek, 1996.

28. Cit. conforme Peter Singer. "Alle Tiere sind gleich", *in* Angelika Krebs (org.), *Naturethik, op. cit.*, p. 20.

29. Cf. a Filosofia do Direito de Krause: Bregenzer, *op. cit.*, pp. 208-16.

30. Cf. *idem*, sobretudo a Parte B, pp. 316-408.

31. *Idem*, p. 381.

32. Merecem destaque especial os trabalhos de Peter Singer, em parte tão mal compreendidos na Alemanha, particularmente *Animal Liberation*, Nova York, 1975 e *Praktische Ethik*, Stuttgart, 1994.

33. Sobre esta discussão completa, cf. v. d. Pfordten, *op. cit.*, pp. 272-91.

34. Decisão de 22/9/1988; Processo 7 Vg 2499/88. Cf. Jörg Weber. *Die Erde ist nicht untertan. Grundrechte der Natur*. Frankfurt a. M., 1993, pp. 7-22.

35. Cf. Lambert Schmithausen e Mudagamuwe Maithrimarti, "Tier und Mensch im Buddhismus", *in* Paul Münch (org.), *op. cit.*, p. 194.

36. Sobre esta idéia, cf. Hubertus Mynarek. *Ökologische Religion. Ein neues Verständnis der Natur*. Munique, 1986, p. 42ss. e a literatura ali proposta.

37. Rudold Kaiser, *op. cit.*, p. 70.

38. Klaus-Michael Meyer-Abich. *Wege zum Frieden mit der Natur*. Munique, 1984, p. 151.

39. Albert Schweitzer. *Aus meinem Leben und Denken*. Hamburgo, 1980, p. 193.

40. *Idem*.

41. Cf. Hubertus Mynarek. *Der Mensch — Sinnziel der Weltentwicklung*. Munique *et al.*, 1967, p. 233.

42. Cf. quanto a isto os trabalhos pioneiros de Rupert Sheldrake. Figuram na bibliografia.

43. Max Scheler, *op. cit.*, p. 108.

44. *Idem*.

45. Cf. *Albert Schweitzer Lesebuch, op. cit.*, pp. 206-18.

46. Cf. as reflexões de Marianne Gronemeyer. *Von der Kraft der Ohnmacht*. manuscrito, quatorze páginas, s. l., s. d.

47. Cf., por exemplo, Ronald S. Miller. *Handbuch der neuen Spiritualität*. Berna *et al.*, p 259ss.; *Vegetarisch leben*, Hamburgo, s. d., vinte páginas; Helmut F. Kaplan. *Leichenschmaus. Ethische Gründe für eine vegetarische Ernährung*. Reinbeck, 1993.

48. J. Krishnamurti. *Erziehung als Liebesdienst*. Leipzig, s. d., p. 28.

49. Cit. conforme *Vegetarisch leben, op. cit.*, p. 17.

50. Abraham Joshua Heschel. *Der Mensch fragt nach Gott: Untersuchung zum Gebet und zur Symbolik*. Neukirchen-Vluyn, 1982 (no original, Nova York, 1954).

51. C. G. Jung. *Von den Wurzeln des Bewusstseins. Studien über den Archetypus.* Zurique, 1954, p. 370.
52. Ken Wilber, *op. cit.*, p. 388.
53. Mahatma Gandhi. *Freiheit...*, *op. cit.*, pp. 103/105.
54. Albrecht Goes. *Über das Gespräch.* Hamburgo, 1954 (edição revisada).
55. Quanto a isso cf. o clássico sobre o diálogo, Martin Buber. *Das dialogische Prinzip, op. cit.*
56. David Bohm *et al.*, "Der Dialog — Ein Vorschlag", *in On Dialogue*, julho de 1995, p. 6.
57. Cf. Martina Hartkemeyer. *Zur Wiederentdeckung von Langsamkeit. "Dialog": eine neue, alte Gesprächsform.* Versão elaborada de uma palestra apresentada num congresso internacional da Erich-Fromm-Gesellschaft, de 4 a 6 de outubro de 1996, em Georgsmarienhütte.
58. Fjodor M. Dostojewski. *Die Bruder Karamasow.* Frankfurt am Main, 1986 (1921), p. 450ss.
59. Colhido na contribuição de Max Scheler sobre Spinoza, em *Philosophische...*, *op. cit*, p. 58.
60. *Das Evangelium der Essener, op. cit.*, p. 92.
61. A este respeito, cf. minha reflexão *in Die Kraft der Sehnsucht. Kontemplation un ökologisches Engagement.* Munique, 1996.
62. Mumia Abu-Jamal. "Siebzig mal Sieben", *in Der Pflug*, outono de 1997, número 40, p. 44.
63. Cf. o pensamento de Ken Wilber, *op. cit.*, capítulo 17.
64. Cf. minha exposição sobre o Kairós em *Die Kraft der Sehnsucht, op. cit.*
65. Cf. minhas reflexões em *Mythos Multimedia, op. cit.*, p. 212, e a literatura lá proposta, sobretudo Jean Gebser. *Ursprung und Gegenwart*, 2 volumes. Schaffhausen, 1978.
66. São interessantes as reflexões de Ulrike Suhr sobre esses fatos *in* "Die salbende Frau", *in* Karin Walter (org.). *Zwischen Ohnmacht und Brefreiung. Biblische Frauengestalten.* Friburgo *et al*, 1994 (1988).
67. Cf. principalmente Rupert Sheldrake. *Das Gedächtnis der Natur.* Munique *et al.*, 1994 (1988).
68. Jean Giono. *Der Mann mit den Bäumen.* Zurique, 1981. Foi Thea Struba, uma amiga suíça, que me chamou a atenção para essa história.

Capítulo V

1. *Idem*, p. 262ss.
2. K. O. Schmidt. *Das Thomas-Evangelium. Geheime Herrenworte frühchristlicher Handschriften.* Ergolding, 1991, p. 159.

3. *Idem*, p. 177.
4. Cf. *ibidem*, p. 67ss.
5. Bernhard Irrgang. *Anthropozentrik und christliche Umweltethik. Ein Beitrag zur ökologisch orientierten theologischen Ethik*. Würzburg, 1991, pp. 254, 257, 260.
6. Cf. as claras afirmações de Paul Augier. *Jesus, Stein des Anstobes*. Graz *et al.*, 1961.
7. Cf. a confissão de Mahatma Gandhi em *Mein Leben*. Frankfurt, 1983, p. 81 ss.
8. Cf. Hans Urs von Balthasar. *Kosmische Liturgie. Das Weltbild Maximus des Bekenners*. Einsiedeln, 1961, pp. 344-52.
9. Aqui citado conforme K. O. Schmidt, *op. cit.*, p. 22.
10. A isso se referiu também Max Scheler no ensaio "Die Stellung des Menschen in Kosmos". Munique, 1947.
11. É com plena consciência que eu digo "os chamados fundadores", pois nem Buda, nem Jesus, nem Maomé tinham a intenção de fundar uma religião com as escrituras e os cultos à personalidade correspondentes.
12. Cf. *Die groben Mythen der Menschheit. Götter und Dämonen*. Augsburg, 1990; Claus Eurich. *Mythos...*, *op. cit.*, pp. 25-69; Paul Schwarzenau, *op. cit.*, pp. 21-30.
13. Vide a literatura recomendada na bibliografia.
14. Informações com o Dr. Willi Massa, Neumühle, D-66693 Mettlach-Tünsdorf.
15. Informações na Unity of Man — Zentrum für den Westen, Mondsee-Bundesstrabe 1, A-5340 St. Gilgen.
16. Cf. o pensamento de Albert Stüttgen. *Auch Rast ist Reise. Notizen auf dem Weg zu einem neuen Horizont*. Stuttgart, 1990, particularmente p. 67.
17. *Op. cit.*, p. 202. A complementação do versículo "A vós é dado [...]" foi extraída de outro contexto pelo autor.

Capítulo VI

1. Cf. minha exposição detalhada *in Mythos Multimedia, op. cit.*, pp. 58-63.
2. Como faz o filósofo Ulrich Horstmann em seu livro *Das Untier. Konturen einer Philosophie der Menschenflucht*. Viena/Berlim, 1983.
3. Cf. os argumentos de Seyyed Hossein Nasr. *Die Erkenntnis und das Heilige*. Munique, 1990, capítulo I.
4. Incluímos aqui uma defesa da viagem espacial pacífica e do reconhecimento do espaço sideral. Abalançando-nos na vastidão interplanetária, em busca da origem e de Deus, pode ser que um dia acabemos encontrando toda a verdade no nosso próprio jardim. Mesmo assim, essa viagem terá sido necessária e terá tido valor: para melhor nos alinharmos no contexto do todo, para podermos vislumbrar "de fora" a nossa terra, para chegarmos a conceber as dimensões da eternidade e da infinitude. Que belo

presente da navegação cósmica foram as fotografias do espaço próximo do nosso planeta, este ser vivo meigo, azul e maravilhoso.

5. Também Teilhard de Chardin enfatizou isso incansavelmente, mesmo expondo-se ao perigo de amalgamar indiscriminadamente ciência e fé, teoria da evolução e teologia.

6. Lincoln Barnett. *The Universe and Dr. Einstein*. Nova York, 1954, p. 117; tradução minha.

7. Hoimar von Ditfurth. *Kinder des Weltalls*. Hamburgo, 1970.

8. Josef Pieper. *Vom Sinn...*, *op. cit.*, p. 45.

9. O conceito de "convivialidade" remonta a Ivan Illich, que o desenvolveu em seu livro *Selbstbegrenzung. Eine politische Kritik der Technik*. Reinbeck, 1980.

10. Hubertus Mynarek. *Ökologische...*, *op. cit.*, p. 140.

11. Cf. Rupert Sheldrake e Matthew Fox, *Die Seele ist ein Feld. Der Dialog zwischen Wissenschaft und Spiritualität*. Berna *et al.*, 1998, p. 43ss.

12. Vide minha argumentação sobre o Kairós em *Die Kraft...*, *op. cit.* pp. 51-91 e a literatura lá recomendada.

13. Cf. Klaus Gutowski. *Vom Homo Sapiens zum Homo Divinus*. Stuttgart, s. d., p. 326ss.

14. Leonardo Boff. *Zärtlichkeit und Kraft*. Düsseldorf, 1955, p. 26.

15. Cit. conforme Romano Guardini. *Johanneische Botschaft*. Friburgo/Basiléia/Viena, 1981, p. 15.

16. Cf. Geseko von Lüpke. "Denkfabrik für eine grüne Zukunft", *Connection special*, Nº 34, III/97, pp. 72-5; Jörg Wichmann. "Weisheitsschule statt Wissensfabrik", *esotera*, Nº 9/1996, pp. 22-5.

17. Cf. Georg Wieland. "Wissenschaft und allgemeiner Nutzen. Zur kulturellen Bedeutung der mittelalterlichen und neuzeitlichen Universität", *Saeculum*, Nº 2/1994, pp. 308-315. Agradeço as interessantes indicações de Adalbert Podlech.

Capítulo VII

1. Cit. conforme Roger Garaudy. *Aufruf an die Lebenden*. Darmstadt/Neuwied, 1981, p. 179.

2. Matin Buber. *Gottesfinsternis*, *op. cit.*, p. 30.

3. Cf. A. M. Klaus Müller. *Das unbekannte Land. Konflikt-Fall Natur*. Stuttgart, 1987, pp. 206-09.